故문홍빈 사무총장과 故김선경 선생님을 기억하며

학교와 마을이 정말 만날 수 있을까

이하나 지음

학교와 마을을 이어 온
10년의 이야기

푸른칠판

들어가는 말

책을 쓰기로 출판사와 계약을 하고도 몇 달을 헤맸습니다. 학교 밖에서 학교 담장을 넘나들던 일개 활동가가 이런 이야기를 해도 될지 계속 갈등했습니다. 몇 달 동안 한 줄도 쓰지 못하고 있다가 '내가 할 수 있는 이야기'를 하기로 결심했습니다.

제 사무실 앞에는 중학교가 있습니다. 학교 운동장에서 학생들이 뛰어노는 소리가 들리면 담장 앞으로 달려 나가 기웃거리며 혼자 좋아합니다. 나는 왜 아이들이 노는 왁자지껄한 소리에 미쳐 있는지, 그 이야기를 해 보고 싶었습니다.

마을과 학교를 넘나들던 지 올해로 10년이 지났습니다. 교사가 아닌데 학교에 들어가 수업을 진행하며 학생들을 만났고, 교사들의 고충을 듣고 더러는 관리자의 속내도 엿보았습니다. 학교가 가진 어려움을 정책적으로 풀어낼 방법, 대안을 알려 달라는 요청도 들었습니다. 무슨 일이든 간에 10년은 해 봐야 한다고 생각하며 살았는데, 10년이 지난 지금 딱히 무슨 성과를 낸 것 같진 않습니다. 다만, 학교를 이해하게 되었다고는 할 수 있겠네요. 행정과 교육이 어우러지는 복잡하고 어려운 그곳과 고군분투하고 있는 교사들을 말이죠.

'마을교육공동체'라는 단어가 지상에 나타난 이래, 각 지역의 교육네트워크와 교육단체, 마을 강사들이 나타났습니다. 이 글을 쓰고 있는 지금, 학교, 교육지원청, 지역 공공기관과 시민사회단체들이 유기적으로 교육 프로그램을 운영하는 전국네트워크는 제가 속한 '이룸'이 유일하다는 평가를 받습니다. 슬픈 일입니다. 저도 언제까지 이 자리를 지킬 수 있을지 잘 모르겠습니다.

아마 이 책은 교육계와 학교에 대해 이야기하는 제 첫 책이자 마지막 책이 될지도 모르겠습니다. 그래서 제가 학교와 교사들에게 드리고 싶은, 저만이 할 수 있는 이야기를 담았습니다. 언젠가는 학교가 아프지 않은 세상이 오기를 그 누구보다 바랍니다. 학교가 행복하길 바라는 마음이 마을 곳곳에 있다는 것도 전하고 싶었습니다. 제가 이 영역에서 사라지더라도, 누군가가 같은 마음으로 학교를 바라보고 있을 겁니다.

믿으셔도 됩니다.

호랑이 나오던 마을에서
저자 이하나 드림

차례

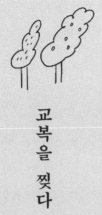

교복을 찢다

학교가 싫었다

고등학교 졸업식 날, 집으로 돌아와 나는 차분히 내 방의 가장 넓은 공간에 두 다리를 뻗어 자리를 잡고 앉았다. 엄마가 쓰는 봉제 전문 가위를 들고서. 숨을 고르고 날카로운 봉제 가위를 들고 교복을 잘랐다. 크게 자른 뒤 잘게 잘게 잘랐다. 가위는 크고 묵직해서 오래 들고 있을 만한 것이 아니었지만 나는 교복이 손가락 굵기만큼 작아질 때까지 계속 잘랐다. 가족은 이런 나를 보고 '또 이상한 짓 시작한다'고 생각했는지 별말 없이 넘어갔다.

고등학교 생활은 적당히 지겹고 적당히 즐거웠다고 표현

할 수도 있다. 허나, 가만 생각해 보면 주로 지겹고 끔찍했다. 군데군데 즐거운 일과 기쁜 일이 끼어 있었다. 마치 허름한 밥상 위에 뜬금없이 놓여 있는 노란 프리지어처럼 어울리지 않는 모습이었다.

중학교 때도 별다르지 않았다. 초등학교도 마찬가지였다. 나는 학교를 좋아하지 않는 아이였지만 학교에서 잘 지냈다. 인정도 받았고, 학급 임원이나 전교 학생회장도 했고, 동아리 활동도 열심히 했다. 다녀야 하니 다녔고, 다니는 게 당연한 줄 알고 다녔다. 탈학교는 상상의 범주에 없었다.

1980년대와 90년대의 학교는 끔찍했던 기억부터 떠오른다. 부조리한 시스템과 그 시스템에 안착해서 한 몸이 되어 버린 교사들, 합리적인 의견은 깡그리 무시당하는 구조, 비민주적일 뿐 아니라 폭력적이었던 학교는 수용소였다. 나뿐만 아니라 당시 학교를 다녔던 세대는 학교에 대한 끔찍한 기억을 한 가지 이상 갖고 있다. 증오하는 교사는 한 명 이상 있기 마련이다. 코로나19로 혼란스러운 때 교육부의 발표가 나올 때마다 가루가 되도록 까인 이유는 많은 이들이 학교에 갖고 있던 트라우마에 기인한다.

학교에는 분명 좋은 교사가 더 많았을 것이다. 문제는 한 명의 교사가 학생의 기억에 남아 평생을 따라다닌다는 것이다. 중년들은 말한다. "우리 때 선생들은 왜 하나같이 그 모양이었을까?" 편향이다. 한 명의 교사가 교사 집단 전체를 대표하는 것처럼 각인되었을 뿐이다. 내게 좋은 기억으로 남은 교사는 다른 친구들도 그렇게 기억한다. 좋은 교사에 대한 애틋한 마음은 살다 보니 기억에서 지워지고 악독했던 교사 한 명만 뇌리에 자리 잡는 것이다.

나는 2012년부터 지역에서 시민활동가로 일해 왔다. 이 글을 쓰고 있는 현재도 마찬가지다. 내가 이 영역에 처음 발을 들이고 이력을 쌓아 갈 때 여러 사람이 내게 물었다. 운동권도 아니었고, 가족 영향도 없고, 시민사회단체로 사회생활을 시작한 것도 아닌데 삼십대 중반에 활동가가 된 이유가 무엇이냐는 것이었다. 지역의 시민사회단체 활동가들은 대체로 가족이 사회운동을 하던 사람이거나, 청소년 시절 시민사회단체 활동을 하다가 잔뼈가 굵어졌거나, 대학에서 학생운동권으로 활동한 경우가 많다. 나보다 10년쯤 젊은 이들은 사회생활을 NGO에서 시작하는 경우도 있다.

지역 활동을 시작할 때 나는 전업주부였고, 그 이전엔 다양한 분야의 비정규직 노동자였다. 그들의 질문을 받고 내가 왜 이 길에 서게 되었는지 자문했다. 내 인생에 영향을 끼친 사건은 한두 가지가 아니지만, 나의 사고 체계는 읽어 온 책과 학창 시절의 다양한 활동에 영향을 받았다. 결정적으로는 교사들이었다. 부조리한 구조를 일깨워 주고, 나아갈 방향과 비전을 제시해 준 사람들. 사회가 얼마나 썩었는지 알려 주고, 그 사회에서 네가 무슨 일을 해야 하는지 말해 준 사람들. 나이 서른이 넘어서야 내가 그들 때문에 이 길에 들어서게 되었다는 걸 깨달았다. 나의 스승들은 '그건 네가 원래 그런 놈이라서 그런 거지. 말도 안 되는 소리야'라고 일축할지도 모르지만.

한국 사회에서 교사의 위상은 시대가 변화하며 계속 달라졌다. 우선 역사적 사실을 살펴보자.

한국은 해방 후 제대로 된 국가 시스템을 갖추는 데 3년이라는 시간이 걸렸다. 이 시기 미군정의 교육정책이 현재 우리나라 교육에 지대한 영향을 미쳤다는 평가가 있다. 미군정의 교육자문기구로는 조선교육심의회가 구성되었다. 1945년 11월이었다. '홍익인간의 건국이상에 기^基하여 인격이 완전하고 애국정신이 투철한 민주국가의 공민을 양성함을 교육의 근본이념으로 함'이라는 교육 이념을 제정했다.

해방 직후에도 한국인의 교육열은 대단했다. 『광복교육 50년, 미군정기 편』을 보면 '한국인은 교육에 관심이 많고 그 기회를 잡으려 열망하고 있다. 얼어붙을 정도의 기온 속에서 난방이 되지 않은 교실에 앉아 소년 소녀들이 공부하는 학교들도 있다. 그들은 부족한 교과서를 갖고 매순간을 놓치지 않고 열심히 공부하고 있다'라는 부분이 있다. 1946년에 의무교육 실시 계획안이 나왔고 초등교육을 우선 의무교육으로 확정하고 추진해 나갔다.

일제강점기 조선의 일본인 교원은 약 35퍼센트였다. 미군정청에서는 사범학교를 만들 준비를 하면서 단기교원양성소를 만들어 빠르게 교사를 길러 냈다. 1945년부터 사범대학이 신설되고 사범학교도 생겼다. 사범학교를 졸업한 이들이 초등학교 교원이 될 수 있었고, 중등교원은 사범대학에서 배출했다. 1948년 중앙교원훈련소를 만들어 미국인 교육자들을 교수로 채용하고 한국인 교사들에게 미국식 교육원리와 방식을 가르쳤다.

국가의 틀을 잡는 중에 한국전쟁이 터졌지만 교육열 덕인지 전쟁 중에도 학교는 열렸다. 매우 소수의 사람들만 다닐 수 있더라도 어쨌거나 피난민촌에서도 학교는 문을 열었다. 하지만 먹고사는 게 시급한 자들은 학교를 다닐 수 없었다.

당연한 일이다. 나는 노인 대상 '생애사 쓰기' 교육도 하는데, 복지관에서 만나는 노인 중 1950년 이전 출생자는 중학교 이하의 학력 보유자가 많다.

1950년대 국가가 교육 기틀을 잡고 기하급수적으로 취학 아동이 늘어나면서 교원에 대한 수요도 급증했다. 미국식 교육제도를 주입하려 했다. 전쟁 이후 모든 사람들이 상처받은 상태에서 80명이 넘는 아이들을 한 교실에 몰아넣고 공부를 가르친다는 건 지금으로서는 상상할 수 없는 일이다.

1945년 해방 이후부터 1990년대까지만 해도 교사의 보수와 사회·경제적 위치는 낮은 편이었다. 아이들을 가르치는 교사가 정작 자신의 애는 키우기 어려운 형편이라고 했으니 교원의 지위는 형편없는 셈이었다. 1960년대에는 학부모 재정후원단체가 교사의 생계비를 보조했고, 1970년대에는 교원금고를 마련하려는 움직임이 있었다. 국가는 재정을 투입해 교육 노동의 정당한 보상을 해결하기보다는 '스승의 날'을 제정해 교사의 사기를 끌어올리려고 했다.

한국교원단체총연합회(교총)에서 교사의 지위를 재고해 달라고 국가에 요구한 것은 1988년이다. 전국교직원노동조합(전교조)이 출범한 것은 1989년이다. 두 개의 단체는 그 이념과 철학이 상이해 보이지만 사실상 비슷한 시기에 교원의 지위

향상을 위해 노력했다. 다시 말하면, 1988년 이전 교사의 지위는 사회적으로 보장받지 못했다는 것이다. 1980년대에 학교를 다닌 사람들은 열악한 노동환경에서 명예를 강요받으며 사회·경제적 지위는 보장받지 못한 교사들을 만났다.

나의 선생님들

세대론은 성급한 일반화의 우려가 분명히 있지만, 빠르게 변화하는 한국 사회에서 한 사람의 삶이 지나가는 시대적 영향은 무시할 수 없다. 1975년생인 내가 초등학교를 다닌 1980년대에는 교사의 촌지 요구는 일반적이었고 그 경중이 다를 뿐이었다. 교사에게 선물을 하거나 소풍 때 교사의 도시락을 싸는 것도 당연지사였고, 교사에게 향응을 제공하는 일도 있었다. 이런 관습은 사실 수년 전에도 가끔 발각되었다.

내가 겪은 일들은 대체적으로 다른 이들도 겪었던 일이다. 대놓고 촌지를 요구하고 폭행을 일삼았던 교사들은 어느 학교에나 있었다. 차별적인 발언이나 성희롱과 성추행에 준하는 발언과 행위도 흔했다. 많은 이들이 그런 상처를 품고 살아가는 것 같다. 나도 그런 교사가 있었지만 애써 기억하고 싶지 않다. 누군가를 미워하는 마음은 살면서 힘이 되기도 하지만, 그런 에너지로 내 일상을 망치고 싶지는 않으니까.

반면, 내게 좋은 영향을 줬던 교사들도 있었다. 내 삶의 바탕을 깔아 준 교사들을 아직도 선명하게 기억하고 있다.

초등학교 1, 2학년 때는 경기도 양주군에 있는 작은 학교에 다녔다. 경제 부흥기에 급성장한 가계경제는 사상누각처럼 갑자기 무너졌고, 나는 서울에서 경기도 북부의 외곽으로 이사를 했다. 지금도 그때도 사람들은 서울에서 경기도 외곽으로 이사를 하면 '몰락했다'는 인식을 갖게 된다. 그때 우리 가족은 마을 한가운데에 어여쁜 개천이 있는 마을에 살았다. 그 마을에 살 때 초등학교에 입학했다. 1학년을 맡기에는 정말 어울리지 않는, 잘생긴 50대 남자 교사가 내 첫 선생님이었다. 게다가 그분은 대머리였다. 1학년은 율동도 가르치고 노래도 해야 하는데 그 커다란 중년의 남자 교사가 양 옆구리에 손을 올리고 몸을 앞뒤로 흔드는 꼴은 좀 우스웠다. 학부모 참관수업 때는 그 모습을 보고 학부모들이 킥킥대고 웃었고 교사는 얼굴이 시뻘게진 채 진땀을 흘렸다.

내가 살던 마을은 가난한 농촌 마을로 보였지만 잘 따져보면 농촌도 아니었다. 농업을 주업으로 하는 사람은 별로 없었다. 마을 사람들은 인근에 있는 소가죽 공장이나 고개 너머에 있는 서울우유 공장에 다녔다. 겉에서 보기에는 넓은 논밭이 펼쳐져 있었지만, 그 논밭은 어떤 대농의 소유였고, 쪼개진 논밭이나 소수 소농의 것이었다. 대부분의 사람들은 새로 생기는 공장에 취직해 새로운 삶을 꾸려 가고 있었다.

학교는 고갯마루 넘어 약 4킬로미터 정도 떨어져 있었다. 옛말로 하면 10리 길이다. 학교에 가려면 버스를 타고 가는 게 당연한 거리였다. 당시 마을에는 고유의 약속이 있었다. 아침 8시면 마을 어귀의 버스 정류장 앞에 길게 줄이 늘어섰다. 고개 너머 학교에 가는 아이들이었다. 나도 그 줄에 서야 했다. 6학년 남학생들이 맨 앞에 섰고 5, 6학년이 맨 뒤에 섰던 것으로 기억한다. 1학년은 6학년 남학생들 뒤에 섰다. 앞뒤로 호위 무사들이 서고 어린아이들은 보호받으며 고개를 넘어갔다. 100여 명이나 되었으려나. 그 대열에 합류하지 못하면 영종여객 39번 버스를 타고 가야 했는데, 마을의 학부모들은 버스비를 내며 학교 다니는 걸 용납하지 못했다.

나의 담임선생님은 1학년에게 한글을 가르쳐야 했다. 아이들 대부분 기역, 니은도 구분할 줄 몰랐다. 나는 이미 한글을 다 뗀 상태였고 '흙'과 '삶'을 헤매고 있었지만 글씨를 곧잘 썼다. 담임선생님은 매일 깍두기공책에 네 바닥씩 『바른생활』을 베껴 써 오라고 숙제를 내줬다. 1학년이 시작된 지 몇 달쯤 지나 담임선생님은 "매일 네 바닥의 공책을 쓰는 것이 어려우면 지우고 다시 써도 된다"고 말했다. 공책 값이 많이 든다는 학부모의 항의가 있었기 때문이다. 우리 집도 서울에서 사업을 하다가 홀라당 말아먹고 그 마을로 들어간 것이었지만 다른 집들은 우리 집보다 더 어렵거나, 또는 교육에 그만큼 돈을 들이고 싶지 않았을지도 모른다. 그런 환경이니 글씨를 곧잘 쓰는 것만으로도 영재 소리를 듣기 쉬웠다. 여름방학에 독후감을 써 오라는 숙제에 나는 세종대왕 위인전을 읽고 원고지 다섯 장을 채워 제출했다. 담임선생님은 내 숙제를 아이들에게 읽어 주며 얼굴이 붉게 상기되었다.

　"이렇게 훌륭한 학생을 가르치게 되어 정말 영광이다. 이하나는 나중에 우리나라 최초의 노벨상을 받게 될 거야."

　담임선생님이 문장을 쓸 줄 아는 어린이를 너무 오랜만에 만났던 게 확실하다. 1학년 담임선생님의 극찬은 내게 잊지 못할 일이 되었다. '나는 글씨는 엉망이지만 글을 잘 쓴다. 나는 작가가 될 수 있다'는 막연한 생각을 갖게 되었다. 과한 칭찬을 한 번 들은 나는 글쓰기에 정성을 다했고, 어떻게든 한 번이라도 더 칭찬을 받아 보려고 애썼다. 그게 습관이 되었고 매일 일기를 쓰기 시작했다.

글쓰기에 대한 칭찬은 고등학교 때도 이어지긴 했다. 1학년 때 담임이자 세계사를 가르치던 선생님은 중창단 활동을 하며 성악을 전공하겠다고 레슨을 받기 시작한 나를 질책하기까지 했다. "너는 글을 써야 한다"고 장시간 설득하기도 했다. 외부 대회가 있을 때면 굳이 나를 끼워 넣어 대회에 내보냈지만 수상은 한 번도 하지 못했다. 국어 교사는 수업을 작파하고 내가 써낸 수학여행 기행문을 들고 칭찬을 해 댔는데 일부러 나를 골탕 먹이려고 저러나 싶을 정도로 과하게 반응했다.

선생님들의 칭찬은 단순히 치하하는 것을 넘어서 어떤 의무감이나 강요처럼 느껴지기도 했다. 나는 뭔가를 대표해서 써야 하는 일이 있으면 자연스럽게 그 역할을 맡았고, 꺼리지 않았으며 끊임없이 썼다. '왜 글을 써야 하는가'에 대한 의문을 가진 적은 없다. 교사들의 칭찬은 운세를 읽어 주는 느낌이었다. 그들의 칭찬은 학생에게 "이 길이 너의 운명이다"라고 말하는 것 같았다.

언어 능력이 평균보다 우수한 편이면 학교에서 눈에 띄기 마련이다. 학교는 몸짓보다 언어가 우선인 특성이 있어서 말을 조리 있게 잘하거나 글을 잘 활용할 줄 알면 모든 생활이 편해진다. 야단맞을 일이 있더라도 반성과 사과, 혹은 변명이라도 제대로 말할 줄 아는 아이는 학교생활이 수월하다. 반면 자기 입장과 감정을 정확히 언어로 표현할 줄 아는 아이들에게는 되바라진 아이라는 비난도 같이 따라왔다. 나는 말을 잘하고 글도 잘 쓰는 아이였다. 절반의 교사들과 불화했지만 절반의 교사들과는 잘 지냈다.

나는 결손가정의 아이였고, 전교에서 단 두 명인 이혼 가정 자녀였다. 내가 말을 할 때 어떤 교사는 내 얘기를 들어 주며 칭찬했지만, 어떤 교사는 똑같은 내 말을 듣고 입꼬리를 올렸다. 내게 등을 돌리며 "애가 드세다"라는 말과 "애비 없는 티를 낸다"고 말하는 교사도 있었다. 나의 부모가 이혼했다는 사실은 교사들을 통해 전교로 퍼져 나갔다. 당시 교사들은 학생 인권에 대한 개념이 별로 없었고 '정상 가족'에 대한 관념이 강했다. 그게 사회의 분위기였기 때문이다. 교사라고 특별하게 진보적이거나 선진적인 생각을 갖는 것도 아니다. 교사들의 생각은 그저 일반 시민의 생각과 별다르지 않다. 4인 가족의 예외성을 인정받기 어려운 세상에서 교사라고 특별히 소수자 인권을 중요시할 별다른 근거는 없었다.

하루에 깍두기공책 네 바닥을 쓰는 게 부담스러웠던 마을에서 벗어나 서울로 이사를 했다. 하루라도 빨리 서울로 복귀하기를 원했던 내 모친의 열망이 컸기 때문이다. 서울 북부에 있는 학교로 전학을 한 건 6학년 때다. 그때부터 이전에는 만나 보지 못했던 유형의 교사들이 나타났다. 1987년 6월 항쟁이 한창이던 때 6학년 담임선생님은 나와 부반장을 불러 세워 놓고 물었다.

"너희는 다음 대통령이 누가 되어야 한다고 생각해?"

선생님은 그걸 왜 우리에게 물었을까. 나는 "저는 노태우가 대통령이 되어야 한다고 생각합니다. 왜냐하면 평화로운 정권 이양이 올림픽 성공으로 이어질 수 있기 때문입니다"라고 대답했다. 내 옆에 서 있던 부반장은 "김대중 선생님이 대통령이 되어야 한다고 생각합니다"라고 대답했다. 나는 그 아이가 '김대중 선생님'이라고 칭하는 것에 꽤 놀랐다. 나의 모친을 비롯한 어른들이 "전라도 사람들은 김대중을 선생님이라고 부른다"라고 말한 것이 기억났다. 담임선생님은 어떤 평가도 하지 않고 잘 알겠다면서 평화로운 미소를 띠고 우리를 제자리로 돌려보냈다.

그 선생님, 김선옥 선생님이 음악 시간에 가르쳐 준 노래는 양희은의 <작은 연못>과 최창남 선생이 수배 중에 발표한 <저 놀부 두 손에 떡 들고>였다. 40여 년이 지나 최창남 선생님께 6학년 때 담임선생님이 그 노래를 가르쳐 줬다고 했더니 "불온한 선생이었구먼"이라며 껄껄 웃었다.

김선옥 선생님은 당시 문교부에서 내려보낸 지침처럼 개량한복을 입고 나타나기도 했고, 여름방학에는 방학 특강을 열었다. 우리는 평소처럼 학교에 가서 미술 수업을 했고 아이들은 특강 선생님이 준비해 온 점심을 먹기도 했다. 안 해도 되는 일을 하던 김선옥 선생님과 우리는 불화한 적이 없다. 대부분의 수업을 모둠으로 진행했고, 모둠별로 토론하고 논쟁하는 수업을 했다. 같은 반 아이가 연탄가스로 죽었을 때 선생님은 하루 종일 울었다. 또 같은 반 아이의 집이 화재로 타 버렸을 때 선생님은 반장인 나와 가정방문을 가기도 했다.

중학교에 들어가니 김선옥 선생님 같은 사람들이 늘어났다. 내가 중학교 2학년 때 전교조 투쟁이 시작되었고 우리 학교에도 해직 교사가 생겼다. 그해 나는 학생회 부회장에 출마했다. 3학년이 되면 회장에 출마할 요량이었다. 간선제로 각 반의 반장과 부반장만 선거인단이 될 수 있었는데 가볍게 당선이 되었다. 막상 당선되고 나니 학교 육성회비를 내는 게 난처해졌다. 기백만 원가량의 학교 기부금을 내야 했다. 우리 집은 그럴 형편이 안 되었다. 게다가 당선이 되면 교사들 회식을 마련하는 게 불문율이었다. 교무실에 갔을 때 한 교사가 내게 "이하나, 우리 회식 언제 해?"라며 화사하게 웃었다. 그 말을 듣고 돌아 오는데 부담보다는 화가 났다.

선거를 치르고 교실 환경미화를 하는 날이었다. 1980년대에는 학년 초에 환경미화 작업을 해서 교실을 꾸미고 심사를 받아 우수한 학급을 표창하기도 했다. 화분을 놓고 커튼을 다는 것도 모두 학부모의 찬조로 이루어졌다. 늦게까지 색종이를 오리고 붙이며 교실을 꾸몄는데 뒤 칠판에 전지 한 장 정도의 자리가 비었다. 나는 학급신문을 만들어 붙이기로 했다. 이런저런 소식을 조악하게 붙이고도 자리가 조금 남아서 사설을 쓰기로 결심했다.

나는 크게 제목을 적었다. "왜 학생회 임원이 교사의 회식을 책임져야 하는가" 그리고 그 아래 매직으로 글을 써 나갔다. 학생회 임원이 되면 교사 회식을 시켜 줘야 하고 심지어 육성회비도 많이 낸다고 하니 가난한 학생은 입후보를 할 수 없는 것인가, 학생회 일을 하는 것과 교사 회식을 책임지는 게 무슨 상관이 있는가, 라는 내용이었다. 내가 이런 짓을 하는 동안 친구들은 아무 의견도 내지 않았다.

다음 날 아침, 교사들이 들어와 내가 쓴 글을 보고 혀를 차며 나갔다. 뒤늦게 그 글을 본 담임은 전지를 떼어 내 박박 찢어 버렸다. 교무실로 불려 갔고 호되게 욕을 먹었다. 화를 참을 수 없어서 교무실에서 나오며 통곡도 했다. 그 학기 내내 교사들이 괴롭히는 걸 받아 내야 했다. 일 년 내내 담임과 갈등했다. 성적이 떨어져 엄마가 성적표를 구겨 버리고 학부모 확인 서명을 해 주지 않았다. 엄마가 서명을 해 주지 않았다고 담임에게 성적표를 보여 줬더니 "네 부모에게 가서 똑똑히 전해!"라고 화를 냈다. 나는 "아버지 없는데요"라고 응대했고 담임에게 수십 대 빠따를 맞았다. 담임은 20대 후반의 체구가 작은 여교사였는데, 나는 지금도 그녀에게 어디서 그런 힘이 나왔는지 놀랍다.

다음 해에도 출마해서 학생회장이 되었다. 남녀공학인 공립중학교에서 여학생이 학생회장이 되는 일은 처음이라 남자아이들은 내가 지나가면 대놓고 욕을 했고, 심지어 양동이에 담긴 걸레 빤 물을 실수인 척 내 머리에 쏟아붓기도 했다. 그럴 때마다 나는 그들에게 항의하고 학생부에 고발했고 빠짐없이 욕하고 응징했다.

학생회장이 된 그해에는 교사들의 선물을 준비하려고 했

는데 바로 전년도에 회식 언제 하냐고 묻던 교사가 나를 불러 "네가 뭔데 아이들에게 돈을 걷느냐"며 호통을 쳤다. 나는 죄송하다고 사과하고 교무실을 나왔다. 사람이 우습다는 생각을 했다. 그런 폭압의 시절에도 나를 응원해 주는 교사들이 있었고 나는 버텨 냈다. 간선제였던 회장 선거를 직선제로 바꾸는 일, 교복을 지정하는 데 학생 의견을 수렴하는 일, 두발이나 복장 단속의 선도 규정을 바꾸는 일에도 교사들이 동의해 주었다.

이 기억은 내 삶의 큰 자산이자 원동력이다. 교사에 대해 생각하게 된 결정적 사건이기도 하다. 굴하지 않아도 된다는 것, 옳다고 생각하는 일은 거침없이 밀어붙이는 게 낫다는 것, 분명히 내 편이 되어 주는 누군가가 있다는 것. 바꿀 수 있고 바꿔 냈다는 성취감이 지금의 나를 만들었다. 아마도 지금 내가 이런 책을 쓸 수 있는 사람이 된 것도, 중학교 2학년 때 전지에 적은 사설이 시작이었을 것이다.

나를 응원하고 지지해 주는 교사들은 모든 학생의 의견을 존중하고 보호했다. 반면 염색이나 파마를 하고 등교한 아이들의 뺨을 때리는 교사도 한 교무실에 있었다. 교무실에는 담배 연기가 늘 잔잔하게 머물렀고, 교사들은 가방도 없이 민소매 옷에 슬리퍼를 신고 등교한, 머리를 노랗게 물들인 동급생의 머리통을 탁탁 때리기도 했고, 그 아이들이 교실에서 치고받고 싸웠을 때는 창고로 끌고 가 일주일 동안 두들겨 패기도 했지만 그 아이들을 퇴학시키지 않았다.

내가 다니던 중학교 근처에는 미원 생산 공장이 있었다. 먼지가 풀풀 날리는 운동장에는 항상 미원 냄새가 났다. 집은 샘표간장 근처에 있었고, 집으로 가는 길에는 삼양라면 공장이 있었다. 우리는 MSG의 냄새를 맡으며 학교를 오가는 동네의 아이들이었다. 아이들의 부모는 더러 고급 승용차를 타고 다니기도 했지만, 다수는 지하실에 있는 양말 공장에 다녔다. "다시 태어나면 평범한 집안이었으면 좋겠다"던 동급생 아이는 머리에 무스를 발라 잔뜩 힘을 주고 교문 앞에서 담배를 피웠다. 등굣길에는 전날 밤 우리 학교 아이들이 불다 버린 부탄가스 통과 돼지표 본드 깡통이 뒹구는 굴다리를 지났다. 일진 아이들은 대낮에 드라이버나 렌치, 스패너 같은 걸 들고 지하철역 앞에서 난투극을 벌이기도 했으며, 임신 중단 수술을 하느라 학교에 못 나오는 아이들도 있었다.

한마디로 총체적 난국이었다. 슬럼가는 아니었는데 우리는 경제적으로도 문화적으로도 지독히 가난했던 모양이다. 그때 염색을 하고 우르르 몰려다니던 아이 중에 한 명은 나와 6학년 때 같은 반이었다. 집에 불이 나서 담임선생님과 가정방문을 갔던 나의 친한 친구였다. 그 친구는 중학교 1학년 때 친오빠와 함께 헤어져 살던 아빠를 만나러 가던 길에 교통사고로 오빠를 잃었다. 그때부터 친구는 학교를 드문드문 나왔고 이리저리 몰려다니며 소위 일진이 되었다. 학생주임에게 수시로 불려가 맞고 반성문을 썼지만 학생과에서는 그이상의 징계를 하지 않았다. 나는 교장선생님이 "무슨 일이있어도 졸업은 시켜야 한다"고 교사들에게 강조했던 장면을 기억하고 있다. 덕분에 내 친구는 중학교를 졸업했고 야간 고등학교에 진학할 수 있었다.

중학교 2학년 때 내 짝은 다른 구에 있는 학교에서 교무실을 털다가 걸려서 일 년 정학을 받고 강제 전학을 온 아이였다. 그러니까, 걔, 미정이는 교무실 상습절도 학생이었다. 담임은 반장인 네가 감당해야 한다며 잘 돌보라고 일렀다. 나는 일 년 내내 그 아이와 짝으로 지냈다. 나는 주말이면 교회에서 학생회 활동에 열중했고, 미정이는 주말 내내 뭘 했는지 월요일이면 내내 엎어져 잤다. 새 학년이 되어 우리는 헤어졌다. 미정이가 며칠 동안 학교를 안 나온다며 미정이의 담임선생님이 나를 찾았다. 미정이의 담임선생님은 내게 미정이네 집에 같이 가자고 했다. 나는 그 선생님을 유달리 좋아했기에 순순히 따라나섰다. 골목을 몇 번 지나 반지하의 새시 문을 두들겼다. 미정이의 엄마로 보이는 중년 여자가 문을 열었다. 그는 우리에게 "걔를 왜 여기 와서 찾냐"고 말했다. 나는 기가 막혔지만 미정이의 담임선생님은 "어머니, 미정이가 집에 오면 꼭 학교에 보내 주세요"라며 정중하게 인사하고 돌아서서 내게 떡볶이를 먹으러 가자고 했다.

미정이의 집에 같이 갔던 선생님은 내게 추천 도서 목록을 적어서 슬며시 건네주기도 했던 사람이다. 일제강점기 근대소설이 다수였지만, 손 글씨로 몇 장이나 적었던 메모지를 나는 오랫동안 간직했다. 가족과 청량리역에서 길을 잃어 사창가에 들어섰다가 크게 충격을 받은 모범생 친구가 그 선생님에게 상담을 요청했고 나는 친구와 나란히 앉아 선생님이 사 주는 떡볶이를 먹었다. 선생님은 "세상의 더러운 면을 먼저 보게 되어서 어른으로 미안하다"면서도 "사실 나도 그런 거 한 번도 본 적 없어"라고 솔직하게 말했다.

몇 달이 지나 미정이는 학교를 그만둔다며 나를 찾아왔고, 잘살라고 작별 인사를 했다. 미정이가 사라지고 나서 나는 미정이 담임선생님의 자취방에 놀러 간 적도 있다. 미정이의 담임선생님은 "사실은 미정이가 신神을 받았대. 무당이 되었다는 거야!"라며 "나 사실 그때 그거 알고 있어서 너무 무서워서 하나 너한테 같이 가자고 한 거야"라고 고백했다. 미정이 담임선생님과 나의 나이 차이는 열 살 정도였다. 나는 몇몇 교사들에게 어른처럼 존중받았고 때로 그들과 친구처럼 지냈다. 가족이 아닌 성인과 깊은 교감을 나누는 경험은 세계를 확장시켜 주었다.

나의 세계가 되어 준
당신들

전교조 열풍이 한바탕 지나가고 고등학생이 되었다. 내가 진학한 학교는 자치구에서 가장 명문으로 알려진 사립 기독교 고등학교였다. 주소지에 따라 추첨 배정을 받았을 뿐이다. 비슷한 아이들이 진학했는데도 이 학교의 대학 진학률이 높았던 이유는 죽도록 공부를 시켰기 때문이다. 1학년 시작하자마자 아침 8시에 등교해 밤 10시에 일과가 끝났다. 방학은 여름방학과 겨울방학 동안 각각 일주일이었고, 토요일도 전교생의 일정 비율은 오후 5시까지 자습실에서 공부를 하다가 가야 했다.

여상과 여중, 여고가 같이 있는 사립학교의 경우는 이사장이 주로 여고의 교장을 맡는 법인데, 그 학교는 여고에서 전교조가 먼저 일어났다는 이유로 이사장이 여상의 교장으로 남았다는 풍문이 있었다. 공부하는 기계로 사는 동안 강압적이고 폭력적인 일은 수시로 일어났다. 여고에는 유난히 K대 출신의 젊은 교사들이 많았는데 이사장이 K대에서 명예박사학위를 준비하느라 선심성으로 대거 교사를 채용했다는 것이다. 한편으로는 이사장이 신입 교사들을 선발한 이유가 전교조 창립에 기여한 정교사들을 모두 해고했기 때문이라고도 했다. 그런 소문은 '카더라'를 넘어서 정설이 되어 있었다. 80퍼센트의 교사들이 20대 후반에서 30대 중반으로 1958년생부터 1964년생이 가장 많았다. 요컨대, 1980년대 운동권에서 어떻게 해도 비껴가기 어려운 사람들이 여고에 꽉 들어차 있었던 것이다.

학교 시스템은 군부 정권과 같은데 그 안에 들어차 있는 교사는 어울리지 않는 사람들이었다. 세계사 시간에는 정반합을 배웠고 유물론적 관점의 역사 수업이 있었다. 문학 교사는 등단하고 책도 낸 소설가라서 텍스트를 분석하지 않고 낭독을 시켰다. 음악 시간도 특이했는데 입학하자마자 전 학년이 교가와 애국가를 불러 성가대와 중창단을 선발한 다음부터는 비발디나 베토벤의 곡을 외워 어느 교향곡의 몇 악장인지 맞추는 시험을 보거나 음악실에 앉아 불을 끄고 오페라 <투란도트>를 비디오로 보고 감상평을 써냈다. 미술 교사는 현직 작가라서 추상화만 들입다 그렸다. 무용 과목도 있었는데 교사가 현대무용 전공자라며 조를 짜서 현대무용 작품을 구상해 무대에 올리는 게 시험이었다. 교련 시간에는 물론 삼각대 만들기도 했지만 혼전 순결과 페미니즘에 대한 찬반 토론을 했고, 윤리 시간에는 교사가 끊임없이 질문을 던지며 대중문화에 대한 이야기를 잔뜩 늘어놓았다. 한문 교사는 요즘 뜨는 소설이라며 김한길의 『여자의 남자』를 읽어 주기도 했다. 함석헌의 시도 고등학교 때 처음 배웠다.

물론 어느 학교에나 있는 '미친개'나 '수면제'도 있었다. 당시로서는 기이한 커리큘럼 사이사이에 연구부장의 주먹이나 새마을부장의 손바닥이 급습하는 학교였다. 수업 과정은 지금 생각해도 창의적이고 진보적이었는데 아마 당시 교육계에 큰 충격을 주었던 '수학능력자격시험', 즉 지금의 수능이 처음 발표되었기 때문일 수도 있다. 교사들은 생전 보도 듣도 못한 시험 문제를 분석하느라 일 년 넘게 고민했고, 학력고사 체제로는 아무것도 할 수 없다는 걸 빨리 알아차렸다. 3년 내내 읽고 쓰고 토론하고 낭독하는 일이 많았다. 저 시절에 교사들이 내게 '민주주의'나 '독재정권'에 대해서 정확히 설명한 것 같진 않은데, 우리는 자연스럽게 대통령선거에 관심을 갖게 되었고, 『일곱 가지 여성 콤플렉스』 같은 책을 돌려 보았으며, 서태지 노래를 듣다가 교사에게 대들었다.

2015년쯤, 지역의 시민사회단체 선배가 내게 진지하게 물은 적이 있다.

"시민사회단체 출신도 아니고 운동권도 아니었다면서 언제부터 지금과 같은 가치관을 갖게 되었어요?"

나는 빠르게 지난 시절을 재생시켰고 그에게 답했다.

"선생님들 때문일 겁니다. 학교 선생님들."

지역 선배들은 나를 '전교조 세대'라고 부른다.

초등학교 때는 배제된 자의 서러움과 발언자의 특권을 동시에 누렸다면, 중학교에 들어가면서 인간으로 존중받는 것과 내가 세상을 바꿀 수 있다는 성공의 기억을 갖게 되었고, 고등학교 때 자유와 평등, 민주주의를 배웠다. 교사들의 교육 내용뿐 아니라 그들의 태도가 내게 상당히 많은 영향을 끼쳤다. 사람으로 태어났으면 힘을 갖고 다른 사람을 도와주라는 말, 더 많은 여성이 과학 기술계에 진출해야 한다는 말, 사과는 빠르고 간명하게 해야 한다는 말, 자유롭게 저항할 줄 알아야 진짜 멋쟁이라던 말. 그런 말들이 내 안에 남았다.

나는 초등학교에 입학해 고등학교를 졸업하는 사이에 가정 형편으로 전학을 세 번 했다. 엄마가 구속되어 학교를 일년 쉬었고, 경제적으로 심한 부침을 겪었으며, 이사를 숱하게 했고, 새아버지가 두 번 바뀌었다. 그럼에도 불구하고 나를 버틸 수 있게 했던 건 결국 사람이었다. 학교가 지긋지긋하고 교복을 찢어 버리고 싶을 때마다 교사들은 내게 힘을 주었다. 또래 친구들이 주는 위안과는 다른, 든든한 버팀목이었다. 내가 겪은 공교육은 그런 것이었다. 든든한 배경 없이 산만한 재간 몇 가지로 버티는 어린아이에게 그들은 썩 괜찮은 그늘이 되어 주었다.

학부모로 만난
학교

초등학교 4학년 때 과학 상상 글짓기와 그림그리기 대회에 나간 적이 있다. 미래는 어떻게 변할 것인지 상상해서 글과 그림으로 표현하는 대회였다. 1980년대의 초등학생이 상상할 수 있는 먼 미래는 2000년대 정도였다. 하늘엔 자동차가 날아다니고, 앉은 자리에서 버튼만 누르면 식탁 위로 음식이 튀어나오고, 통일이 되어 백두산의 용암을 이용해 에너지 발전을 하는 세상을 상상했다. 학교는 가고 싶을 때 가고 TV를 통해 집에서 공부하는 것도 있었다.

코로나19 팬데믹으로 온라인수업이 갑작스럽게 앞당겨졌고, 통일은 안 됐지만 지열발전도 상용화되었다. 3D 프린터 기술이 음식까지는 못 만들었어도 앱에서 몇 번만 클릭하면 문 앞으로 사람이 음식을 가져다 주는 것도 실현되었고, 하늘을 나는 자동차까지는 못 갔어도 드론으로 배송은 할 수 있을 정도가 되었다.

내가 상상한 미래는 긍정적이고 진보적인 것이라 내가 싫어하거나 불편해 하는 것들이 사라질 것이라 믿었다. 그중 하나가 실내화였다. 실내화를 들고 다니거나 갈아 신는 게 싫었다. 고등학생쯤 되어서는 석탄 난로도 사라지고 가스나 전기로 교실 난방을 할 수 있었는데 어쩐지 신발을 갈아 신는 행동은 늘 마음에 들지 않았다. 거리는 예전에 비해 더욱 깨끗해졌으니까 적어도 내가 학부모가 되면 실내화를 빠는 일은 사라질 거라 기대했는데 이루어지지 못했다.

유치원 때부터 아이 실내화를 챙겨 보내야 했고 일주일에 한 번씩 더러운 실내화를 빠는 것으로 주말을 보냈다. 실내화 한 켤레 더 장만하는 게 어려운 일은 아니라 두어 켤레의 실내화로 바꿔 보내며 게으름을 피웠지만 실내화 빠는 일을 피할 순 없었다. 실내화는 내게 과한 부담을 줬다. 어쨌거나 주말이면 자녀의 일주일을 준비해야 한다는 신호였다.

학교의 책걸상은 바뀌었다. 못이 튀어나와서 다칠 수 있는 책상은 완전히 사라졌고 교실은 보다 쾌적해졌다. 한 반에 모여 앉은 학생 수도 줄어들었다. 여러모로 이전보다는 훨씬 나아졌다. 적어도 시설은 그랬다. 학교마다 도서관도 생겼고, 도서관을 돌보는 사서 선생님도 있으며, 양호실은 보건실로 바뀌었다. 가장 큰 변화는 급식이다. 아이들에게 급식이 제공되면서 양육자는 도시락에서 해방되었다. 급식은 날로 진화해 친환경 무상급식으로 발전해 나갔다.

아이의 첫 입학식이었다. 학년별로 담임교사들이 나와서 인사를 했다. 1학년과 2학년 교사들이 유난히 나이가 많았다. 고학년으로 갈수록 교사들이 젊어졌다. 남교사는 단 한 명이었다. 불과 며칠 전까지 유치원에서 놀이 수업을 하던 아이들이 과연 저 딱딱한 의자에 앉아 서너 시간을 버틸 수 있을까. 학부모가 되니 의구심이 들었다. 유치원은 한 반에 20명이 안 되고, 그 20명을 돌보느라 두세 명의 교사가 달라붙어 있다. 학교는 단 한 명의 교사가 30여 명을 챙기는데 이 아이들은 그야말로 똥오줌을 못 가리는 상태다. 젊고 체력 좋은 교사도 아닌데 천방지축인 1학년을 감당할 수 있는지 궁금했다. 어쩌면 연륜이 더 큰 역할을 할 수도 있을 거라고 긍정도 했다.

교실로 이동해 교사가 자기소개를 하고 학부모와 상견례 시간을 가졌다. 교사는 교실 뒤에 한껏 매무새를 단정하게 하고 서 있는 학부모들보다 스무 살 넘게 차이 나 보였다. 담임교사는 반말과 존댓말을 섞어 가며 아이들과 학부모에게 학교생활을 안내했다. 담임교사에게는 아이들도, 학부모도 1학년으로 보이는 게 틀림없었다.

학부모 총회 날에는 학부모에게 자원봉사 역할이 던져졌다. 녹색어머니, 마미캅, 급식모니터링, 도서실 봉사 등 예닐곱 개의 역할이 줄줄이 이어졌고, 자기 아이의 작은 책상 앞에 앉은 엄마들이 수줍게 손을 들었다. 담임교사는 그날 참석한 20여 명의 엄마들에게 빠짐없이 역할을 나눠 줬다.

그해에는 경기도교육청의 학부모회 구성 조례가 시행되었고 나는 지역 활동을 시작했다. 학부모회 임원직에 지원해서 부회장으로 출마했고 무투표 당선되었다. 학부모회 임원은 6학년 회장 엄마와 5학년 부회장 엄마가 당연직처럼 들어왔고 학원가에서 큰 학원을 한다는 엄마가 감사를 지원했다. 저학년 엄마는 나뿐이었다. 뭔가 번지수를 잘못 찾은 것 같다는 생각이 들었다. 교무부장이 학부모회를 담당한다며 학부모회 지원금을 활용할 수 있으니 모임을 만들어 보라고 권했다. 내가 계획을 세우고 예산을 짜서 특수학급 자원봉사 안을 제출했다. 교장은 내 제안서를 보고 "쉽지 않을 거다"라고 말했다. 차라리 학부모 동아리 같은 게 낫지 않겠냐고 했는데 나는 동아리 모임에 굳이 돈을 쓸 필요가 있는지 잘 모르겠다고 대답했다.

같은 반 엄마들은 조를 짜서 교실 청소를 다녔다. 나는 관절염을 핑계로 한 번도 청소에 참여하지 않았다. 왜 엄마들이 교실 청소를 해야 하는지 이해할 수 없었다. 내가 사는 동네에는 직장을 다니는 엄마들이 많았다. 그 엄마들은 월차나 반차를 쓰면서 청소를 다녔다. 녹색어머니를 하는 날도 그랬다. 정확한 시간에 출퇴근하지 않는 나는 비교적 자유로웠지만, 학부모가 되어서도 교사의 지시에 따라 고분고분 움직이지 않을 게 뻔해서 동원되는 역할에는 잘 참여하지 않았다.

폭염이 이어지면서 학교 전기세를 감당할 수 없다고 블록수업과 단축수업이 갑작스레 실행되었고, 교육감이 바뀌며 5월 단기방학이나 봄방학을 없애는 제도도 실험적으로 시작되었다. 직장을 다니는 엄마들은 태권도장에 전적으로 의지했다. 태권도장은 발 빠르게 학교의 빈 시간을 채워 줬다.

1학년을 마무리하면서 학부모 간담회가 열린다고 연락이 왔다. 교장과 간부교사가 모두 자리했다. 나는 건의 사항이 있다면서 마이크를 잡았다.

"1학년 2반 학부모입니다. 저희 반 엄마들이 조를 짜서 매주 학급 청소를 다니며 일 년을 보냈습니다. 저는 생활교육도 학교에서 가르쳐야 하는 교육 중의 하나라고 봅니다. 물론 1학년이 스스로 청소를 하긴 어렵겠지만, 예전에는 5~6학년이 1학년 교실 청소를 도와주기도 하지 않았나요? 학습공동체라는 이야기를 하시던데 선배가 후배를 가르치고 자립할 때까지 기다려 주는 것도 공동체의 역할이라고 봅니다. 학부모가 너무 많은 역할에 동원되고 있습니다. 정해진 것도 아닌데 왁스까지 사다 나르며 교실 청소를 하는 것은 이해할 수 없습니다. 이런 부분이 좀 줄어들면 좋겠습니다. 일 년 동안 수고 많으셨습니다. 학교 변기도 잘 사용하지 못하는 1학년 아이들을 데리고 가르치시느라 선생님들께서 정말 수고 많으셨을 것 같습니다. 고맙습니다."

교장의 표정이 싸늘해진 것은 마이크를 내려놓기 직전이었다. 교장은 "학부모 청소는 허용되지 않는 부분이다. 학부모들이 과하게 대응했다"라는 취지의 말을 했다. 내가 뭔가 잘못했다는 생각은 다음 날 확고해졌다. 아이가 학교에서 울면서 돌아왔다. 패딩 점퍼를 입고 갔는데 지퍼가 고장 났는지 잘 벗어지지 않았다고 했다. 너무 더워서 담임선생님에게 도와달라고 했는데 선생님이 대답하지 않았다고 했다.

"선생님에게 여러 번 얘기했어?"

"응. 선생님이 바쁘다고 했어."

학교에서 절대 튀지 말아야 한다고, 그게 다 내 새끼에게 해가 된다고 했던 동네 엄마들의 말이 떠올랐다. 아이가 2학년이 되면서 총회에 한 번 참석하고 도서관 사서 도우미에 손을 들었다. 학부모회에 지원하지 않았고 정해진 상담에 가서 뻔한 이야기를 했다. 다음 해에는 총회에도 가지 않았다.

아이가 자라면서 나도 일이 많아졌다. 교육지원청과 연계한 사업이 시작되었고, 지원청과 협력은 상당히 잘되어 갔다. 아이가 4학년이 되었고 여름이 시작될 무렵 아이의 담임교사로부터 문자메시지가 도착했다. 엎드려 있는 내 아이의 사진에 "이렇게 말도 안 듣고 엎드려 있네요"라는 내용이었다. 여러 생각이 들었다. 아이에게 화가 났다고 교실에서 수업 중에 다른 아이들도 모두 보는 와중에 사진을 찍고 그걸 내게 전송하는 교사는 무슨 심산일까. 알 수 없었다.

담임교사가 아이의 사진을 찍어서 문자메시지로 보내는

일이 잦아졌다. 가을이 시작될 때쯤 "더 이상 감당이 안되네요. 조퇴시키겠습니다"라는 문자가 왔다. 나는 "네, 알겠습니다"라고 회신했다. 아이는 등교를 거부했고 나는 담임에게 아이가 몸이 안 좋으니 며칠 데리고 있겠다고 했다. 프리랜서로 일하면서 교육단체 활동가로 뛰고 있었던 나도 집에서 쉬었다.

　같은 동네 학부모들에게 전화를 돌려 아이의 담임교사를 아는 사람을 찾았다. 대체적으로 비슷한 의견이 취합되었는데 학생 인권에 대한 개념이 없는 사람이었다. 그 교사 때문에 전학을 간 아이의 이야기를 들려주는 학부모도 있었다. 나는 며칠 고민했다. 교육지원청 장학사에게 의논을 해 볼까도 생각했다가 화가 치솟을 때는 도의회의 교육상임위원에게 연락할까도 생각했다. 그러나 나는 담임에게 자초지종을 듣는 게 우선이라 생각했다. 담임에게 전화해 상담을 요청했다.

　학교에 들어가자마자 교장실에 들러 이만저만한 일로 4학년 몇 반 교사를 만나러 왔다고 말하고 바로 담임교사를 만났다. 나는 마을에서 취합한 의견과 담임교사가 이전에도 비슷한 문자메시지를 여러 학부모에게 보냈다는 사실을 재확인했다. 경기도 학생인권조례를 들먹이며 "선생님은 학생인권교육을 따로 연수받으셨으면 좋겠습니다"라고 단호하게 말했다. 교사는 당황했다.

"어머니, 제가 지금 교직 35년 차인데, 제가 잘못 살았다는 얘기세요?"

"선생님, 제 아이만의 문제면 제가 이렇게 오지 않았습니다. 제 사회적 역할이 그렇지도 않습니다. 동네 엄마들 의견을 수렴해서 대표 자격으로 왔습니다. 선생님이 잘못 살아오신 게 맞고, 현시대에 맞지 않는 교육을 하고 계십니다. 교실 내에서 아이를 촬영하는 장면을 연출하는 것은 교사가 의도적으로 아이를 따돌리는 모습을 학생들에게 보여 주시는 겁니다. 그게 바로 인권침해고요."

교사는 큰 충격을 받은 것 같았다.

나는 바둑학원에 있던 아이를 불러 선생님께 사과드리라고 일렀다. 교사도 아이에게 사과했다. 담임에게 여기 오기 전에 교장을 만났고, 이제 내려가서 선생님과 이야기가 잘되었다고 전하고 가겠다고 일렀다.

교장은 교무부장을 불러 내 이야기를 들었다. 나는 교장에게 해당 교사는 별도의 인권연수를 보장하고 내년도에는 담임을 쉬도록 했으면 좋겠다고 건의했다. 교장은 내 얘기를 조용히 듣고 이렇게 답했다.

"어머님, 저는 어머님 같은 학부모를 처음 만납니다. 대부분 민원으로 처리하려고 하지 이렇게 직접 찾아와 교사와 얼굴 보고 얘기하시는 분은 처음 봐요. 저 선생님도 분명히 변하실 겁니다."

마음은 불편했다. 한 사람을 몰아세운 것은 틀림없으나 내가 찾아가지 않았다면 교사는 내게, 또 다른 학부모에게 계속해서 아이들의 사진을 찍고 문자를 보냈을 것이다. 자신의 행동이 무엇이 문제인지 모르고 효과가 좋은 훈육 방법이라고 착각하며 살았을지도 모른다.

교장실은 개방되었고 많은 교사들이 민주적인 교육을 하려고 노력하지만, 교사는 집단이다. 한 사람의 실수가 모두의 문제로 치부되기 쉽다. 교사에 대한 나쁜 기억이 있는 사람들은 교사를 비난하는 일에 적극적이다. 안타깝게도 전 국민 중에 교사에게 분노하지 않았던 사람을 찾기가 어렵다. 모든 사람이 시대에 맞는 인권 의식을 가질 수는 없다. 나와 대면했던 담임교사는 그동안 수많은 학생들을 가르쳤을 것이다. 동료 교사와는 어떤 관계를 맺으며 살아왔을지 궁금하기도 했다.

학부모로 만난 교사들은 속내를 알 수 없었다. 무엇을 바라는지, 무엇을 하고자 하는지 전혀 말해 주지 않았다. 그들은 학부모와 거리를 두려고 애썼으며 나 역시 그랬다. 학부모가 참여하는 마을교육공동체라는 슬로건은 유명무실했다. 내 아이의 학교 밖에서는 마을교육공동체를 말하고 내 아이의 학교에서는 숨죽이고 사는 내 모습도 모순이었다.

그 이후에는 아이의 학교에서 부르지 않으면 굳이 가지 않았지만, 담임이 부를 때는 모든 일을 제쳐 놓고 뛰어갔다. 아이가 학교에서 문제를 일으켰을 때는 지체 없이 달려가 사과했다. 아이가 중학생이 되었을 때 내가 무슨 일을 하는지 이미 교사들에게 알려진 상태였다. 나는 더욱더 내 아이의 학교와 멀어졌다.

학교 깊숙이 들어가다

지역교육네트워크의
시작

　　　　　　　2011년쯤은 트위터와 페이스북을 하며 여러 사회 이슈에 대해 말을 해 대던 때다. 간암에 걸린 시어머니의 병원 수발을 했고, 돌봐야 할 아이들이 있었다. 2012년을 앞둔 겨울, 지역 활동을 하는 한 교수가 페이스북 메시지로 연락을 해 왔다. 2012년에 지역의 전통시장 활성화를 위해 문화사업을 하는 팀이 꾸려졌는데 활동해 볼 생각이 없느냐는 제안이었다. 적당한 중산층 전업주부로 산 지 6년이 되니 괴롭고 답답했다. 다시 일을 해야겠다며 여기저기 주부 모니터링단에 원서를 넣던 시기이기도 했다. 문화사업단에서 내가 할 일은 자문 역할이었는데 시장의 스토리텔링을 맡아 달라고 했다. 무슨 일을 해야 할지 정확히 몰랐지만 여러 사람이 함께 활동하는 것이고, 매일 출근하지 않아도 되고, 집에서 가깝고, 무엇보다 재밌을 것 같았다. 나는 선뜻 해 보겠다고 대답했다. 시어머니는 간암 말기로 접어들었고 아이들은 한창 손이 갈 때였지만 더 이상 집에 있을 수 없었다. 그렇게 우연찮게 온 기회를 덥석 잡아 버렸다. 그게 10년이 될 줄은 몰랐다.

2012년 전통시장 활성화 사업은 의미 있고 재밌었다. 그 자문단에서 만난 분이 지역문화콘텐츠를 만드는 사회적기업을 준비하고 있다고 해서 다음 해 회사에 합류했다. 전형적인 경력 단절 여성의 사회 재진출이었다. 내가 속한 회사의 대표는 지방 언론사에서 오랫동안 일했던 분이었는데, 하루는 나를 불러 이렇게 말했다.

"이 선생, 중학교 수업 할 수 있죠?"

나는 20대 때 보습학원에서 논술 강사로 일한 적이 있고, 그 이전에는 영어 과외를 2년 정도 한 적 있다. 어떤 수업이냐고 물으니 청소년 기자단 수업이라고 말했다.

"저는 기자 출신이 아닌데요."

대표는 내가 이전에 했던 마을 잡지 제작 과정을 지켜본 바 있다. 그는 그 내용으로 수업을 하면 될 거라고 했다.

"기사 쓰기 기초, 문장 쓰기 기초 잡아 주고, 잡지나 신문의 구성에 대해서 알려 주면 돼요. 나는 청소년 수업은 영 못하겠어. 너무 어려워서. 이제 학교에서 수업 요청 들어오면 이 선생이 가세요."

뜻밖의 기회가 찾아왔다. 나는 좀처럼 기회를 놓치는 사람이 아닌지라 수월하게 수락했고 담당자와 여러 번 통화를 했다. 20대의 담당자는 청소년 기관 소속이었다. 학교의 방과 후 동아리 수업을 청소년 기관에서 주관하고 있다고 알려 줬다. 예산은 청소년 재단에서 나오고 학교에 이미 형성되어 있는 동아리에 특강을 넣는 식이다. 담당자는 그동안 아이들과 학교신문 만들기를 해 봤는데 아무래도 담당자가 감당하기엔 한계가 있어서 수업을 요청했다고 말했다. 나 역시 학교에 정규교육 강사로 들어가는 일이 처음이라 담당자가 알려 주는 대로 성실하게 임했다.

중학교 여학생들이었다. 아이들은 살가웠고 지도를 잘 받았다. 수업은 수월했다. 그렇게 아이들을 서너 번 만나 기사 쓰는 법을 가르쳤다. 담당자가 다른 학교를 맡았다며 다음 해에 연락을 해 왔고, 나는 한 여고에 출강해 기자단 수업을 진행했다. 글쓰기와 기사 쓰기에 시사 이슈를 놓고 토론하는 내용을 가지고 수업을 하나씩 넓혀 나갔는데, 그때만 해도 수련관 담당자가 있어서 중간 완충지대 역할을 해 줬다. 내가 수업을 하는 동안 교사는 만나지 못했다. 자율동아리 활동이라 들어서 교사가 없는 것에 대해서 나도 별 관심을 갖지 않았다.

내가 기관과 연을 맺기 한참 전인 2007년 12월 25일 크리스마스에 지역의 초등학생 두 명이 실종되는 일이 있었다. 여덟 살과 열 살의 아이들은 오후 4시 10분경 지역 문화공연장 앞마당의 CCTV에서 포착된 것을 마지막으로 사라졌다. 실종 77일 만에 아이들의 시체가 훼손된 채 발견되었고 범인이 검거되었다.

이 사건은 지역사회에 큰 충격을 주었다. 지역 시민사회는 지방정부에 대책 수립을 요구했다. 아이들이 마지막으로 발견되었던 지점은 인적이 드문 곳도 아니었다. 지방정부는 범죄 단속과 감시에 주력했고 시민사회 활동가들은 마을공동체의 회복에 주력했다. 양쪽의 간극은 쉽게 좁혀지지 않았으나 일반 시민은 둘 다 필요하다는 입장이었다. 지방정부는 이후 CCTV를 계속 설치했다. 나중에는 전국의 기초단체 중 인구 대비 CCTV가 가장 많은 곳이라는 평가도 있었다. 시민사회단체는 마을공동체를 회복하려고 노력했으나 딱히 구심점을 찾지 못했다. 거대한 조직을 만들지 못했으나 각 단체별로 마을 모임을 구성하고 활동을 늘려 나갔다.

2013년 가을, 내가 속한 회사에서는 '생애사 쓰기'를 지도하는 강사 양성 과정을 열었다. 한 사람의 삶에서 발견할 수 있는 미시적 관점에서 민중사를 다시 통합하고 재구성한다는 목표였다. 자기 삶에 깊은 고민을 가진 사람들이 다수 참여했다. 자기 삶에 관심이 있는 사람들은 기본적으로 '인간이란 무엇인가'에 대해 천착하는 경향도 있다. 그중에는 학교의 교육 복지사도 있었고, 학교 행정사도 있었으며, 학교 상담교사도 있었다. 각 분야에서 강의 활동을 하는 사람들이었다.

수강생 중에 경기도교육청의 연수년을 인정받아 일 년 동안 자기계발을 하던 교사가 있었다. 그는 전교조 1세대로 자기가 꿈꾸는 교육의 목표에 대해서 이야기했다. 선량하나 단호했고, 너그러우면서도 원칙을 지키는 사람이었다. 강사 양성 과정은 약 6개월에 걸쳐 마무리되었다. 참여했던 교사인민 선생님은 할 얘기가 따로 있다며 다시 찾아오겠다고 했다.

민 선생과 겨울에 다시 만났다. 마을교육공동체를 학교와 교육지원청, 시민사회단체를 묶어 다시 재구성하고 싶은데 내가 필요하다고 했다. 내가 무슨 일을 해야 할지는 잘 모르 겠으나 필요하다면 할 수 있는 일을 해 보겠다고 했다. 민 선 생은 내게 학교교육에 관심이 있거나 교육을 수행할 수 있는 시민사회단체를 물었다. 이미 그가 알아본 곳도 있었다.

민 선생과 함께 이 일을 구상한 사람은 지역YMCA 사무총 장이었다. YMCA는 일제강점기 이전부터 활동한 시민사회단 체다. 일제강점기 한국에는 YMCA(1899년)와 YWCA(1922년), 흥 사단(1913년) 등이 있었다. YMCA는 전국 조직이지만 지역마다 차이점이 있다. 내가 사는 지역의 YMCA는 시민성과 주민자 치를 최우선의 가치로 여겼다. 지역의 여러 공동체 운동과 생 태 운동에도 앞장서 왔다. 생태에 관심이 있는 교사들과 안 양천 되살리기 운동을 통해 생태 하천으로 되살렸고, 친환 경 무상급식 운동, 교복 나눔 운동에도 앞장섰다. 2013년의 YMCA는 여전히 그 기조를 이어 갔는데 우리 아이들을 지역 에서 지키자는 의식이 있었다. 그 바탕은 생명 살림이었다.

지역YMCA의 사무총장과 민 선생이 큰 축이 되어 교육네 트워크를 조직했다. 지역 내 공교육 회복에 관심이 있거나, 학 교교육이 가능한 시민사회단체를 찾았다. 내가 속한 곳은 사 회적기업이었지만 비영리에 가까운 교육사업을 하는 곳이라 지역교육네트워크에 합류할 수 있었다. 교사 몇 명이 더 합류했고, 우리는 겨울 동안 구체적인 운동 방향과 비전을 정리했다.

교육운동은 여러 갈래가 있고 매우 복잡하다. 아마 시민들은 친환경 무상급식 운동과 교복 나눔 운동, 또는 교사의 노동권을 확보하기 위한 전국교직원노동조합 설립 투쟁, 사교육 철폐를 외치는 사교육없는세상 정도를 생각할 것이다.

학교는 지금의 마을교육공동체가 말하는 대로 학생, 교원, 학부모의 세 주체가 함께 작동해야 하지만 주 결정권은 정부에 있고, 실무는 교원에게 집중되어 있다. 학교는 공공 영역이라 분명한 위계가 있는 정부 기관 범주 안에 들어 있다. 그래서 사회의 모든 사안이 학교로 집약되어 쏟아진다. 교육운동의 핵심은 학교, 즉 공교육이다. 크게 나눠 학교 내부에서 학교 자체를 개혁하자는 운동과 학교 밖에서 학교 내부에 개입하는 방식이 있다.

청소년이 주체가 되는 인권운동과 교육개혁 운동은 1990년대에 잠시 일어났으나 지속되지 못했다. 이를 '고등학생 운동'이라고 부른다. 이 운동은 1989년부터 본격화된 전교조 운동과 궤를 같이한다.

1980년대에 정점을 이룬 주권 회복의 민주화운동은 1990년대에 진입하면서 여러 갈래로 나누어졌다. 대통령직선제와 지방자치, 지방의회 부활로 국민주권 회복이 어느 정도 이루어졌다는 분위기가 만들어졌다. 민주화운동에 투신했던 사람들은 새로운 시대에 맞는 시민운동을 펼쳐 나갔다. 대표적으로 경제정의실천연합이나 환경운동연합 등이 있다. 이때 시작된 운동은 대부분 반자본주의 운동이다. 재벌 중심 경제 구조와 기업이 외면하는 환경문제가 곧 우리의 생명과 유관하다고 봤고, 이때부터 소비자협동조합 혹은 생활협동조합(생협) 운동도 시작되어 생명 존중 사상을 이어 나가는 여러 운동체가 발생했다. 기존에 있던 시민운동 단체도 생명존중과 반자본주의 정신으로 운동의 방향을 잡아 나갔다. 궁극적으로 국민주권의 회복을 넘어서서 인간성의 회복과 평화 정신이 바탕이 되었다고 보면 된다.

2013년 겨울에 모였던 단체들은 인간성 회복, 평화주의, 반자본주의를 토대로 한 대안적인 삶을 꿈꿨다. YMCA와 YWCA, 한국여성의전화 등 회원 수가 많은 큰 단체가 합류했고, 생협과 노동 인권 문제를 다루는 비정규직 센터가 합류했다. 종합복지관 한 곳의 관장이 이 문제에 관심이 있어서 합류했고, 내가 일하던 사회적기업도 합류했다. 지역교육네트워크는 이 단체들이 공통 의제를 가지고 연대활동을 하는 것을 말한다. 시민사회단체는 공통 의제가 있을 때 함께 행동하는데 성명서를 내고 기자회견을 하는 일, 정책 협약, 의사결정권자를 만나 협상하고 시민에게 알려지지 않은 정보를 공개하거나 거리 캠페인에 나서는 일 등을 한다.

우리는 2014년 2월 발족식을 가졌다. 공교육 회복, 방과후 아이들을 지역에서 책임지는 계획을 가졌다. 몇 차례의 실무진 워크숍을 통해 공교육의 주체가 되는 학교나 교육지원청과 어떻게 협의를 만들어 나갈 것인지 고민했다.

지역교육네트워크가 지역교육의 상생 방안을 아무리 잘 만들어 낸다고 해도 학교와 협력이 되지 않으면 무용지물이다. 시민사회단체와 학교와의 연결고리는 없는 상태였고, 구성한 지역교육네트워크의 기반을 잡은 두어 명의 교사뿐이었다. 당시 경기도교육청에서는 혁신교육지구 활성화를 위해 일반 교사 중에 각 지원청으로 두 명씩 파견근무를 내보냈다. 이 교사들은 현장을 뛰며 학교와 마을의 연결고리 역할을 해냈다.

김상곤 교육감 취임 이후 혁신교육이 시작되었고, 학교 현장에서는 여러 가지 변화가 일어났다. 시행착오는 당연한 수순이었다. 학교가 자체적으로 운영할 수 있는 예산이 주어지자 학교는 당황한 것 같았다. 많은 학교가 교문을 바꾸거나 책걸상을 바꾸는 등 기자재와 시설비에 집중 투입했다. 이에 대한 비난도 있었다. 마을교육공동체와 혁신교육에 써야 할 예산인데 엉뚱한 데 투자한다고들 했다. 그러나 다시 생각해 보면 학교가 자율적으로 쓸 수 있는 예산이 그동안은 없었기 때문에 그만큼 학교에서 절실한 것에 우선 투자했다고 볼 수 있다. 학교는 교육청이나 지역의 정치인이 끌어오는 예산에만 기대 왔고 언제나 돈이 없었다. 앞서 말했듯이 1990년대 교권 회복 운동 이전에 교사들은 생활고에 시달릴 정도로 풍족하지 않았고 전교조와 한국교총 등의 움직임으로 교사의 급여 체계가 현실화되고 연금이 생겼을 뿐이지 학교가 뭔가를 시도할 수 있는 예산은 없었던 것이다.

등하굣길에 아이들이 교통사고를 당하는데 그에 대한 지방자치단체의 협조는 미미했고 학교는 읍소하러 다니는 입장이었다. 당시에 주어진 예산으로 학교 앞에 특수한 시설이 붙은 과속방지턱을 설치한 학교도 있었다. 우리나라만큼 진학률이 높은 나라도 흔치 않은데 다들 학교를 졸업하고 나면 학교를 잊었다.

지역교육네트워크는 이런 여러 가지 문제점을 함께 논의하고 싶었다. 학교 통학로 안전 문제부터 친환경 무상급식 문제와 교육체계, 교육 노동자의 이야기뿐 아니라 교육과정에 대한 이야기도 같이 논의할 수 있을 거라는 기대가 있었다.

2014년 4월 16일, 세월호가 침몰했다. 지역교육네트워크를 구성한 지 두 달 만의 일이었다. 나를 비롯한 구성원은 심한 무력감에 빠졌다. 배가 가라앉는 것을 생중계로 보면서도 아이들이 빠져나오지 못하는 걸 지켜볼 수밖에 없었다니, 지금 생각해도 이해할 수 없다.

그 다음 달에 지역교육네트워크를 추동했던 지역 YMCA 사무총장이 필리핀 출장길에 올랐다. 사무총장은 출국 전 통화하며 "정관안을 만들어 메일로 보내 놨으니 다녀와서 얘기하자"고 말했다. 그가 출국한 지 며칠 지나 아침 성인 강좌를 준비하던 중에 연락을 받았고 나는 정식 공문이 오기 전까지 믿지 않겠다고 부정했다. 돌연사였다. 그는 전날 밤에 잠들어 아침에 깨어나지 못했다. 필리핀에서 시신이 돌아오고 지역사회는 그와 이별하는 노제를 지냈다. 나는 지역교육네트워크의 사무국장이었는데 그가 무엇을 하고자 했는지 알지 못했다.

2014년은 선거가 있었다. 양당의 후보와 정책 협약을 진행했고, 교육 관련 예산 확보와 혁신교육 활성화에 대한 토론이 있었다. 교육감이 바뀌었고 경기도에서는 '꿈의학교'라는 거대한 프로젝트가 세워졌다. 하반기 들어서 교육지원청을 통해 학교에 프로젝트 수업을 연대하여 궁리했다. 학교와 마을이 함께 만드는 교육 프로그램이 학교와 손을 잡기 가장 좋다고 생각했기 때문이다. 쉽게 말해 마을이 제공하는 서비스를 학교가 누릴 수 있도록 우리는 각 단체의 특성을 고려해 마을교육공동체의 이념을 실천할 수 있는 프로그램을 여러 회에 걸쳐 토론하며 구상했다. 그러나 그 프로그램을 학교에 전달하는 일은 지지부진했다.

학교는 이미 너무 많은 교육을 하고 있었다. 정규 교과과정 외에도 기본 의무교육이 되는 것들이 자꾸 늘어났다. 성폭력 예방, 인권, 안전 등 아이들이 들어야 할 의무교육이 한두 개가 아니었다. 반면 마을교육 프로그램은 의무 사항이 아니었다. 학교에서는 해야 하는 것만 실행하는 것으로도 벅찼다.

연결고리는 의외의 지점에서 생겼다. 2015년 교육지원청에서 연락이 왔다. 새로 부임한 장학사였는데 경기도교육청에서 발행한 민주시민교육 교과서의 집필진이기도 했다. 나도 학부모였지만 민주시민교육 교과서는 장학사를 만나 처음 보았다.

"분야가 여러 개로 나뉘어 있어요. 이걸 학교에서 활용했으면 좋겠는데 교사들이 교과과정을 연구하고 진행하기가 쉽지 않아요. 어떤 내용은 사회나 도덕, 국어 교과목과 연결되어 있고요. 교사들이 시민교육을 하려면 시민성에 대해서 이해가 높아야 하는데 당장 해결될 일은 아니고요. 지역의 시민사회단체가 지역교육네트워크를 구성하고 있다고 해서 저희보다 더 전문적이지 않을까 해서 연락 드렸어요."

장학사의 말을 들으며 교과서를 살펴보니 이미 각 단체에서 일반 시민 대상 또는 학생들을 대상으로 기회가 닿을 때마다 진행하는 교육이었다. 1990년대에 각 분야로 쪼개진 단체들은 시민에게 시민성을 강조할 필요가 있었는데, 평생학습 붐이 불면서 교육 프로그램은 대체로 기본적인 실천 방안이 되어 왔다. 주민자치와 선거에 대한 것이라면 선거 때마다 정책을 제안하고 협약하는 과정, 낙선 운동과 당선 운동이 바로 시민운동의 한 갈래였고, 여성단체는 계속해서 성인지 감수성 교육과 성폭력 예방 교육을 실행해 왔다. 노동운동 단체는 청소년 노동 인권에 대한 캠페인·조사·교육을 해왔으며, 평화와 통일에 대한 교육을 전문적으로 수행하는 단체도 있었다. 생협은 소비자운동으로 출발한 셈이고 먹거리 교육을 계속해 왔다. 특히 친환경 무상급식이 자리 잡으며 생협은 학교에도 출강하고 있었다.

나는 교과서의 목차를 하나씩 짚어 가며 각 단체를 소개했다. 모든 분야가 가능하다고 말하며 시민사회단체가 다 하고 있는 교육인데 초등학생을 대상으로 어떻게 교육안을 짜는지가 중요하겠다고 얘기했다.

그때부터 교육지원청의 장학사와 여러 번 논의를 거쳤다. 지역교육네트워크에 속해 있는 각 단체의 교육팀장들이 모였고, 네트워크 연대성을 유지하면서 학교교육을 실행할 수 있는 방향을 찾았다. 이미 강사진을 갖추고 있는 단체에서 각 4명 이하로 강사진을 추천받았다. 강사들은 장학사의 안내에 따라 공통 커리큘럼을 개발했다. 4차시를 1회 강의로 보고 가을부터 겨울까지 민주시민교육 교과서 분석과 연구를 통해 강의안을 개발했다. 이 과정 중에 몇 가지 원칙을 정해서 개인이 아닌 단체성을 강조하는 구성안을 짰다. 장학사와 함께 교과목 시연 과정을 거쳤고 꽤 철저하게 시민교육 강의안을 구성했다. 첫해에 우리는 110만 원의 마을교육공동체 예산을 가지고 11명의 강사가 각 1회의 강의를 할 수 있었다. 교육지원청에서 학교에 공지를 내보내고 11개 학급의 신청을 받았다. 학교와의 첫 교류가 그렇게 시작되었다.

마을교육공동체의
실험

       2015년을 기점으로 교육지원청과 지역교육네트워크의 협력이 활발해지기 시작했다. 이재정 경기도교육감이 취임하면서 2016년 꿈의학교 공모가 시작되었다. 교육청에서는 민간과의 교류와 협력을 강조했고, 정부도 거버넌스를 정책으로 들고 나오며 민간에서 맡아야 할 영역이 늘어났다.

  하지만 수십 년간 서로 높은 벽을 치고 살았던 민과 관이 그렇게 쉽게 소통할 수는 없었다. 교육청을 비롯한 정부 기관에서는 시민사회단체나 일반 시민이 거의 당연직처럼 되어 위원회를 구성하기 시작했다. 의무 조항이 되면서부터 교육지원청에서는 민간과 협력이 필요한 일이 있으면 바로 내게 연락을 해 왔다. 결국 수많은 위원회의 위원직을 수락했고 위촉장이 숱하게 쌓였다.

2015년 1월, 이재정 경기도교육감의 주력 사업인 꿈의학교가 시작되었다. 나는 꿈의학교 공모 사업 심사 위원으로 위촉을 받았다. 새로 온 장학사가 민간 영역에서 심사 위원으로 들어갈 사람이 필요한데 다른 교육지원청에서 한 명도 추천을 못하고 있다며 연락을 해 왔다. 나는 '재밌겠다'는 생각으로 수락했다. 첫해라 지원 단체가 많지 않아 경기도 전역의 심사가 의정부에 있는 경기도교육청 북부청사에서 일괄 진행되었다. 경기 남부에 사는 나는 새벽에 일어나 수도권 순환도로를 운전해 의정부에 갔다. 심사 위원 명단을 보니 모두가 공무원이었고 민간은 나 혼자였다. 서류 심사와 면접 심사까지 정말 고된 일정이었다. 아침 9시부터 시작한 심사는 밤 8시에 끝났다. 저녁을 먹고 가라고 식당 안내를 받았지만 아이가 집에 혼자 있으니 나는 빨리 집으로 가야 했다. 인사만 나누고 바로 헤어졌다.

심사 위원을 해 보면 시야가 넓어진다. 얼마나 많은 단체들이 학교교육에 관심을 갖고 있고 어떤 일을 하려고 하는지 볼 수 있는 좋은 기회였다. 일당은 미리 묻지도 않았지만 일비 5만 원이 통장으로 입금되었다. 하루에 10시간을 넘게 앉아 있었는데 일비 5만 원이라니 기가 막혔다. 돈 벌려고 한 일은 아니지만 기름값에 밥값을 더하면 끝날 돈이었다. 아마 모두 공무원으로 구성되어 있기 때문이겠다 싶어 나중에 관계자에게 물어보니 그게 당시 교육공무원의 출장비를 훨씬 상회한다고 들었다. 정부 교육기관은 인건비를 제대로 추산하지 않는 게 관습인 듯 보였다. 이 문제는 이후에도 여러 번 문제 제기를 하게 된다.

꿈의학교 공모는 나름대로 성과를 거뒀다. 지역에서 시민사회단체 활동을 하지 않으나 아이들을 좋아하고 마을교육공동체를 꿈꾸는 사람들이 교육지원청을 드나들게 된 것만으로도 목적을 달성했다고 평가한다. 민관협력을 말할 때 사람들은 '민'을 대표하는 게 주로 시민사회단체라고 여기지만 나는 여기에 동의하지 않는다. 시민사회단체 외의 시민들은 조직되어 있지 않기 때문에 협력의 주체로 설정하기 어려울 뿐이다.

시민사회단체도 진입장벽이 있는 것이 사실이다. 시민들은 시민사회단체가 지적인 운동권이 모여 있다고 보거나, 매우 과격한 사람들이 주장을 하기 위해 또는 반대를 위한 반대를 하기 위해 모여 있다고 보는 경향도 있다. 시민사회단체는 신념과 목적의식이 분명하기 때문에 모든 시민을 끌어안고 가지도 못한다. 그래서 정부와 시민사회단체 사이에 또 다른 영역의 시민들이 있다. 꿈의학교는 그 중간 지대를 잘 파고들었다. 물론 초창기에는 교육사업을 하는 영리 목적의 기업체가 일반 시민이나 동아리처럼 위장한 곳도 있었으나 엄격한 예산 규정 때문에 영리는커녕 인건비도 못 챙겨 가는 공모 사업이 되었다.

해를 거듭할수록 꿈의학교 예산 규정은 더욱더 복잡하고 까다로워져서 운영자가 일을 할수록 모멸감을 느끼는 구조가 되었다. 마을공동체 구성의 기본을 무료 봉사와 재능 기부로 깔고 가는 공공기관의 오만과 특혜 시비 논란에 과민하게 반응하는 공공기관의 태도가 오늘의 결과를 만들었다.

2015년 당시로 돌아가면 교육청이 마을교육공동체 기획단을 만들고 마을교육공동체 형성에 팔을 걷고 나간 셈이니 일선 학교도 마냥 미룰 수는 없었다. 정부 기관은 상위 기관에서 부서를 만들어 버리면 일사천리로 일이 진행된다. 그 과정에서 불거지는 꿈의학교의 최종은 불화였고, 그 불화는 행정기관에서 직접 사업을 할 경우 필수적으로 따라붙는 덤이다. 지역교육네트워크를 기반으로 몇 가지 사업을 함께 진행하기 시작한 것도 마을교육공동체 기획단이 구성된 2015년부터다.

　마을교육공동체의 시범 지역도 생겼다. 도교육청에서 혁신교육지구를 지정했고 내가 사는 지방자치단체도 1차 혁신교육지구에 신청해 지정되었다. 이때만 해도 정말 마을교육공동체를 혁신적으로 만들어 볼 수 있겠다는 막연한 희망이 있었다. 실무가 실행되기 전이 가장 신나는 법이다. 지방자치단체와 학교가 함께 혁신교육지구 취지에 맞는 마을교육공동체를 만든다는 것이었는데, 공동체 구성이라는 게 워낙 추상적이다 보니 구체적인 사업을 끼워 넣어 공동체를 구성해 보자는 실행 지침이 만들어졌다.

　교육지원청과 지방자치단체 협력으로 한두 개 지역에 거점학교를 지정했고 그 주변을 마을교육공동체 시범 구역으로 형성했다. 그 학교에는 자유학기제 시범 사업도 동시에 집어넣었고 지역의 청소년 기관도 합류했다. 지역교육네트워크를 운영하면서 민주시민교육 강사진을 중심으로 '마을교육'이라는 커리큘럼을 개발했다. 아이들과 마을을 답사하고 지역의 문제점을 찾아내 정책 제안으로 끌어내는 게 목표였다. 일단 마을을 답사한다는 걸 학교에서 받아들이냐가 문제였다.

"애들이 밖에 나가야겠네요."

"그렇죠."

"교장선생님이 허락해 주실까?"

"보조 강사가 두 명은 붙어야 해요. 안 그러면 안전 문제가 생길 수도 있으니까."

보조 강사는 교사들이 맡고 나 같은 외부 강사가 주 강사를 맡아서 아이들을 모둠별로 편성하고 마을 사람들을 인터뷰하거나 마을 지도를 그리는 활동을 했다. 이 수업을 좋아하는 교사들이 있었다. 학교장의 승낙을 받아 내고, 동료 교사들의 동의를 얻고, 강사비를 책정하는 행정실을 설득하는 과정을 교사 혼자 진행했다. 그러면서도 힘들다는 소리는 한 번도 하지 않았다. 나도 처음에는 그 과정이 쉽지 않은 줄 잘 몰랐다. 햇수를 거듭하며 알게 되었을 뿐이다.

마을 동아리를 구성하기도 했고 아이들과 마을 신문을 제작하는 동아리도 운영했다. 청소년 기관에서 학교교육을 맡게 되었을 때 방과후 동아리로 마을 동아리를 구성하기도 했다. 몇 개의 중학교에서 이 과정을 진행했는데 사실 아이들에게 인기 있는 동아리는 아니었다. 마을 동아리에 들어오는 아이들 중 다수가 다른 동아리 지원에서 밀려나 갈 곳이 없어서 오는 아이들이었다.

마을 동아리를 맡았던 학교는 몇 곳이 있었는데, 수업을 시작할 때의 풍경은 늘 같았다. 청소년 기관에서 수탁을 받아 수행하는 경우에는 담당 사회복지사가, 교사가 구성한 경우에는 담당 교사가 내가 수업을 준비하러 15분 정도 일찍 동아리 교실에 도착하면 여기저기 전화를 하며 아이들을 부르고 있었다.

"○○야, 어디니? 왜 안 오니? 잠깐 나갔다고? 들어올 거지? 강사 선생님 오셨어. 오늘도 안 오면 너 결석이야!"

설득과 협박이 반반 뒤섞인 전화 통화를 들으며 나는 교실에 마련된 노트북을 펼쳐서 PPT를 열곤 했다. 수업이 시작되고 첫 대면을 할 때마다 아이들에게 여기에 왜 왔냐고 물었다. 어떤 수업이든 들으려는 사람들이 원하는 게 뭔지 알아야 하는 게 내 첫 임무이기도 하다.

"친구가 여기 가자고 해서요."

"오랜만에 학교 나왔더니 동아리 들어야 한다고 해서요."

아이들은 심드렁하게 얘기했다. 마을 동아리가 뭔지 모르고 온 아이들이 주를 이뤘다. 한 학교에서 2년 이상 같은 동아리를 진행한 뒤에는 좀 달랐다.

"여기는 밖에 나간다면서요."

"마을 답사 나가는 거 말하는 거니?"

"네. 밖으로 나간다고 해서 왔는데요. 선생님, 우리 언제 나가요?"

마을 동아리 교육은 우선 지역에 대해서 이해해야 하니 내가 사는 지역의 역사와 문화에 대한 이론 수업이 먼저다. 밖에 나가는 것 외에 흥미가 없는 아이들은 주로 누워 있거나 게임을 하기도 했다. 나는 이런 일에 크게 개의치 않는 편이다. 양팔에 컴퓨터 사인펜으로 잔뜩 낙서를 하고 들어온 중3 남자아이가 있었다. 나는 피식 웃음이 났다.

"팔에 그림을 잘 그렸네?"

"쌤, 이거 어때요? 문신 같죠?"

"아니. 컴싸로 장난친 거 같은데?"

아이는 재미를 못 찾고 널브러졌다. 그 아이는 스마트폰을 뺏지 않는 규정을 이용해 내내 게임을 하곤 했다. 하루는 수업 중에 게임을 하다가 욕을 하길래 내가 수업을 중단하고 조용히 물었다.

"뭐가 잘 안 풀립니까?"

아이는 게임 용어를 섞어 쓰면서 뭐가 잘 안되고 접속이 끊긴다고 투덜거렸다.

"응, 그렇구나. 이 교실은 스마트교실이라 와이파이가 있는데 지금은 여러분이 수업 중에 스마트폰 쓸 일이 없어서 내가 와이파이 비번을 공개 안 했거든. 쉬는 시간에 와이파이 연결해 주면 그때 게임을 하는 게 어떨까? 지금 해 봐도 잘 안될 건데?"

내가 의연하게 대처했다고 아이가 바로 수긍하는 것은 아니었다. 하지만 마주 앉아 있던 다른 아이가 "야, 이 새끼야! 좀 적당히 해!"라고 욕을 한마디 해 주면 조금 가라앉긴 한다.

학교 밖으로 나가는 게 목적이라던 아이들이 잔뜩 모였던 한 교실에서는 아이들과 거래를 하기도 했다. 답사 후 심상 지도를 그리는 게 수업 목표였는데 이 목표물을 빨리 제출하면 일찍 끝내 주겠다고. 담당 교사와 협의한 내용이었다. 그러자 3학년 아이 중 한 명이 갑자기 리더 역할을 하면서 모둠원을 재촉했고, 다른 아이들도 그 아이의 목소리에 귀를 기울이며 갑자기 빠르게 작업을 해낸 적이 있다.

마을교육공동체를 구상했던 다른 중학교에서는 1, 2학년 아이들을 대상으로 모집해서 간 적이 있다. 역시 다른 동아리에 들어가지 못한 아이들이 모였다. 마을을 돌아보고 답사를 진행한 뒤 마을 어젠다를 찾아내는 게 학습목표였지만, 아이들에게 "우리 마을에서 함께 노력해서 바꿔 봐야 할 주제를 찾아보자"라고 말할 필요는 없었다. 아이들의 면면을 살펴보니 동아리 담당 선생님이 오라고 해서 온 것이지 마을이 뭐고 공동체가 뭔지도 모르는 아이들이었다.

나는 아이들에게 집과 학교 사이의 거리를 물었고, 등하굣길에 불편한 점이 있는지 물었다. 그 학교 주변은 불법주차가 들끓었는데 급성장한 수도권 위성도시에서는 너무나 흔한 일이라 지방자치단체에서도 뾰족한 수를 내지 못하고 있었다. 아이들은 가만히 내 얘기를 듣다가 입이 터지기 시작했다.

"여기 버스 정류장 앞 보도블록이 깨져 있어요. 버스 타다가 넘어져서 뼈 부러질 뻔했어요!"

"학교 올 때 주차된 차가 너무 커서 앞이 안 보여요. 교통사고 날 뻔했어요."

"저기 ○○초등학교 앞에 놀이터가 있어요. 한번은 그 앞에서 좀 놀고 있었거든요. 그런데 어휴! 어떤 할아버지들이 거기서 맨날 모여서 막걸리 마셔요. 정말 더럽게 막 가래 뱉

고요. 아오, 진짜!"

아이들은 외부 강사 앞에서는 거침없이 말하곤 한다. 이런 광경이 펼쳐지면 담당 교사는 뒤에 앉아 있다가 화들짝 놀라서 어쩔 줄 모른다. 그러나 담당 교사도 없고 청소년 기관 직원과 나밖에 없다면 교실 안에는 '노인네', '틀딱', '존나'가 마구 뒤섞여서 돌아다닌다. 아이들의 욕설에 대해 딱히 반응하지 않고 가만히 쳐다보면서 실실 웃기 시작하면 주변의 다른 아이들이 욕을 지껄인 아이에게 면박을 준다.

"야, 이 새끼야. 그래도 신성한 수업 시간에 졸라가 뭐냐 졸라가. 무식한 새끼. 선생님 죄송합니다. 저 새끼가 원래는 착한데요. 입이 좀 걸레예요."

이 동아리에서는 마을 답사를 통해 지도도 그리고 마을 신문을 만들었다. 아이들과 마을 신문의 기사를 억지로 쥐어짰다. 아이들이 불법주차 문제를 얘기해서 밖에 나가서 버스 정류장부터 학교까지 오는 길에 서 있는 불법주차 대수를 세었다. 중학생과 하기엔 유치한 내용이었지만 아이들은 그것도 즐거워했다. 수업 후에 내가 구청에 전화를 걸어서 불법주차 민원이 있는지, 학교 주변인데 특별한 대책이 있는지 물었다. 구청에서는 원래 허용된 공영 주차 면적과 그 지역에 등록된 주차 대수를 알려 주며 지금으로서는 구청에서도 할 수 있는 게 없다고 말했다. 민원이 발생하면 단속을 나가기도 하는데 인근 상인들이 물건 상하차를 하는 경우가 있어 사실 상인들에게 업무 피해를 입힐 수 없어서 강력하게 단속하지 않는다고 했다. 쉽게 말해, 민원이 민원을 덮는 경우라서 구청에서는 모른 척하고 있는 셈이었지만, 아이들에겐 그렇게 설명할 수 없었다.

구청에 전화해서 물어보니 이렇게 말하더라, 서로 조심할 수밖에 없고 이 근처에 공영 주차장이 더 있으면 좋아지긴 하겠다, 정도로 정리했다.

아이들이 대충 쓴 글을 윤문하고 내가 디자인을 잡았다. "○○마을 평화기자단"이라는 제호는 참여 학생에게 쓰게 했다. 담당자가 500부 정도를 인쇄해서 들고 나타났다. 나는 기관의 담당자에게 이 신문의 배포도 아이들이 같이 하면 좋겠다고 제안해 뒀고 담당자가 학교 측에 얘기해 외출도 수락받아 두었다. 자기 글씨가 제호가 된 걸 보고 글씨를 쓴 아이가 입을 틀어막았다. 이제 밖에 나가서 동네 시장 상인들에게 나눠 주자고 하자 아이들은 신이 나서 신발을 챙겨 들고 튀어나갔다.

"사장님! 사장님! 이거 저희가 만든 신문인데요. 이거 보세요. 그리고 이건 제가 쓴 거예요!"

때와 장소가 잘 맞았다. 그 수업은 마을교육공동체의 시범 사업이었고, 청소년 기관의 담당자가 조력을 잘해 줬고, 아이들이 마음을 쉽게 열었을 뿐이다. 아주 작은 성과가 아이들에게 큰 기쁨이 되었다면 그것으로 충분했다. 그 수업에서 내가 받았던 강사료는 시간당 3만 원이었다.

자유학기제에서도 '마을 이해하기' 수업을 진행한 적이 있다. 역시 교장의 수락을 받는 일이 어려울 것이라 생각되었으나 마을 이해하기 수업을 준비했던 교사들은 수월하게 외출 허가를 받아 냈다.

한 학교에서는 지역 주민을 만나 아이들이 영상으로 인터뷰를 따고 글로 정리하는 작업을 했다. 진로 수업과 결합시켜서 아이들이 갖고 있는 직업별 편견을 먼저 살펴보고 직접 마을 주민을 만나게 했다.

다른 중학교에서는 커뮤니티매핑 기법을 활용해 심상 지도를 만들고 마을의 장애인 접근성을 조사했다. 2016년과 2018년의 일이었다. 아이들에게 역할을 확실하게 알려 주고 분담해서 진행하게끔 했다. 모두 즐거워하며 참여했다.

한 학교는 장애인통합교육을 하고 있었는데 모둠활동이

어려운 자폐 학생이 있었다. 각 모둠은 4명으로 구성했는데, 자폐 학생이 포함된 모둠에서는 자폐가 있는 친구도 함께 나가야 하니 그 친구를 포함해서 5명으로 모둠을 만들어 달라고 했다. 4명의 모둠원은 작가, 총괄기획, 영상, 사진 담당으로 각자 역할이 정해져 있었기 때문이다. 자폐 학생을 전담하는 보호사 선생님과 모둠원은 모두 사이좋게 잘 지내며 마을 답사도 하고 심상 지도도 같이 만들었다.

　나는 아이들이 밖으로 나가면 차를 끌고 나가 마을을 한 바퀴 천천히 돌았다. 담당 교사도 아이들을 따라 마을을 함께 돌았다. 사실 이런 수업에는 보조 강사가 두세 명 정도 있어야 안전하다. 하지만 학교 수업에 보조 강사까지 배치할 예산은 주어지지 않는다. 그나마 담당 교사가 자진해서 보조교사 역할을 해 줬기에 수업을 잘 진행할 수 있었다. 아이들에게 커뮤니티매핑 수업을 하고 싶었지만 역부족이었다. 나는 커뮤니티매핑센터와도 인연이 있어 센터장에게 직접 강의를 요청하거나 앱을 사용할 수 있도록 지원을 부탁할 수도 있었지만, 아이들이 모두 데이터를 쓰며 스마트폰을 외부에서 사용할 수 있는지가 불투명했다. 학교에서는 데이터를 제공해 줄 수 없고 아이들은 데이터 사용량에 따라 격차를 느낄 것이다.

미디어리터러시 교육을 할 때도 마찬가지다. 교사들은 스마트폰을 사용해 직접 실습해 볼 것을 요청하기도 하는데 동시에 30명이 와이파이를 사용할 수 있느냐고 물으면 답하지 못한다. 통신기기를 활용하는 수업의 기본은 통신이 가능하느냐인데 기본적인 환경에 대해서는 고려하지 않고 외부 강사의 역량으로 해결될 수 있는 것처럼 인식하고 말할 때는 답답하다.

한 학교에서는 자유학기제로 마을 이해 수업을 요청해 왔다. 신청한 교사는 부장급이었다. 부장교사는 내게 마을을 돌아볼 수 있는 기회가 생겨서 무척 좋다면서 가까운 군부대를 견학할 수 있으면 좋겠다고 말했다. 나는 수업 요청 사항이라 여겼다. 수업에 대한 요청 사항은 강사비를 깎아 달라는 것 외에 가능한 모든 것을 동원해 수행하는 편이다. 아이들이 군부대 견학을 어떻게 할 수 있으면 좋을지 고민했다. 담당 교사에게 혹시 군부대와 연락이 가능한지 알아봐 달라고 했는데 교무실 내에서 누구도 시원한 답을 내놓지 못했다.

요구 사항이 있으면 어떻게든 해 보는 게 내 원칙인지라 나는 학교 부근 군부대의 연락처를 찾았다. 군부대는 공병대대였고 대한민국 육군본부와 수도방위사령부에 전화를 해서 담당자 연락처를 찾았다. 담당자는 대위급이었다. 내 전화를 받은 그는 황당해 하며 자기 연락처를 어떻게 알았냐고 물었다. 이만저만한 일로 학생들 군부대 견학을 시켜 주고 싶어서 여러 경로로 알아봤다고 답했다. 그는 매우 귀찮은 티를 냈다. 집에 와서 남편에게 얘기를 하니 "그런 경우에 군부대는 비상 상황 돌입이다. 오늘부터 쓸고 닦고 해야 되니까 귀찮겠지. 학교 아이들 들어오는 건 아마 대대장급 오는 거하고 비슷한 수준으로 준비해야 할걸?"이라고 말했다. 군미필인 내가 알지 못하는 군부대의 특성이었다.

툴툴대며 전화를 받던 대위는 아이들 방문 날짜를 알려 달라고 했고, 나는 세 개 정도의 날짜를 꼽아서 가능한 날을 협의하자고 했는데 하루는 훈련이 있어서 안 되고, 2개 반이 각각 한 번씩 방문할 수 있도록 조치하겠다면서 시간 맞춰 오면 정문에서 기다리겠다고 퉁명스럽게 얘기했다.

약속한 날 아이들과 담당 교사와 함께 걸어서 군부대 앞으로 갔다. 10분도 걸리지 않는 거리였다. 이 짧은 거리를 오기 위해서 애썼던 게 허탈했다. 툴툴거렸던 태도와 달리 부대 내부는 아이들을 위해 모든 게 준비되어 있었다. 강당에 들어가서 공병부대가 하는 일, 대한민국 육군공병대의 역사를 영상으로 보고 연대와 대대의 구성도 들었다. 상식이 없던 나도 열심히 받아 적었다. 부대에서는 자기들이 일할 때 쓰는 일차(특수자동차)를 모두 꺼내 놨다. 공병대에서 쓰는 거대한 자동차를 보고 아이들이 탄성을 질렀다. PX도 구경하고 내무반까지 보여 줬으니 남편의 말대로 쓸고 닦고 했을 게 뻔했다. 일하는 차는 반짝반짝 윤이 났다. 툴툴대던 대위가 직접 모든 걸 설명했고 사병에게 지시해서 선생님들 물 챙겨 드리라며 정중하게 예의를 차렸다. 대위의 지시로 사병이 카메라까지 들고 나와 우리들의 사진을 찍어 주겠다고 했다. 아이들은 부대 입구에 있는 정자에 올라가 기쁜 표정으로 사진을 찍었다. 감사하다고 인사를 하고 나오는데 부대의 고위 간부가 내게 인사를 했다.

"수방사(수도방위사령부) 통해서 연락하셨다고 들었습니다. 교장선생님한테 연락해 달라고 하시지 뭐 그렇게 어렵게 연락을 하셨습니까?"

"네?"

"교장선생님하고 잘 알아요. 같이 밥도 먹고 그럽니다. 아무래도 지역사회다 보니까 서로 교류하고 있습니다."

아니, 교장한테 얘기하면 한 번에 연결되는 걸 그렇게 여러 경로를 거쳐 나 혼자 끙끙대고 있었다는 말인가. 황당했다.

내게 군부대 견학을 제안했던 부장교사도 모르고 있었다. 학교 내 교원 사이의 소통이 어느 정도 수준인지 단박에 깨달았다. 분명 쉬운 경로가 있었는데 외부 강사한테까지는 전달되지 않는 것이었다.

부장교사와 담당 교사는 마을 이해 교육에 대한 만족도가 높았지만, 수업은 2년 연속 연결되기 어려웠다. 자유학기제는 1~2년 차를 거치며 특정 교과의 심화 수업이나 아이들의 성취도를 판단할 수 있는 수업으로 바뀌었다. 마을을 답사하고 의제를 찾아내며 더 나은 우리의 삶을 재구성해 보는 시도로 구성된 수업은 성취도를 평가할 수 없다. 만일 아이들의 태도와 수업 집중도로 성취도를 평가하려면 1명 이상의 교사가 따라붙어 아이들이 수업에 임하는 태도를 측정해야 하는데 인력 충원은 불가능하다.

예산 문제도 있었다. 자유학기제는 늘리라고 하면서 예산은 줄어들었기 때문에 교사들이 직접 자유학기제를 설계하고 학교 안에서 해결하게 되었다. 외부 강사를 10회 차 이상 초빙한다는 것은 적잖은 부담이었을 것이다. 학교에서 교사들의 초과 노동은 늘 공짜 취급을 받고 외부에 나가는 지출은 비싼 것이 된다. 자유학기제의 2시간 연속 수업을 진행하고 내가 1회에 받았던 비용은 8만 원이었다. 학교는 언제나 돈이 없다고 하니까, 강사비가 비싸다고 하니까. 자유학기제로 설계해 두었던 다양한 수업은 폐기된 셈이다. 군부대를 견학했던 수업 이후에는 청소년 기관에서 예산을 지원하는 자유학기제 외에 다른 수업은 진행하지 못했다.

이러한 수업이 마을교육공동체의 전부는 아니다. 마을교육공동체로 나아가는 실험일 뿐이다. 지역 교육지원청에서는 지역화 교재를 만들기도 한다. 우리 지역은 수년 전에 한 지역복지관에서 마을 답사 프로그램으로 구성했고 이걸 시에서 받았다가 교육지원청으로 이관해 예산은 시에서 지원하고 실행은 교육지원청에서 하고 실질적으로 아이들을 지도하는 강사 파견은 청소년 재단에서 하고 있다.

나는 수년 전부터 지역화 교재 심의를 맡고 있는데 교사들은 지역에 대해 잘 모르고 있었다. 해를 거듭하면서 점점 나아지고 있긴 하다. 교사 집단은 일단 연구 학습에는 기민하게 대응하기 때문에 공부할 거리를 제대로만 정하면 매우 속도감 있게 배워 나간다. 2022년의 지역화 교재는 박수 치는 것 외에 할 일이 없었다. 교사들의 발전 속도는 인정할 만했다.

아이들의 교육을 책임지는 교사는 직업 외 단체활동을 하는 경우가 적고, 공립학교일수록 외부 활동에 대한 부담이 크다. 잠깐 밖에 나가는 외출이나 출장도 학교 분위기에 따라 천차만별이다. 교사를 바라보는 사회의 시선은 편협하고 제한되어 있어 교사는 학교 밖에서 개인으로 존재하지 못한다.

교사도 직장인이다. 아침에 출근하고 저녁에 퇴근하는 교사의 일상이 지역사회로 연결되지 못했다. 자기가 사는 지역과 직장이 동일하지 않은 경우도 많다. 대한민국의 많은 사람들이 비슷하게 산다. 한 활동가가 자기 직장이 있는 곳의 선거 출마자는 알겠는데 집 근처의 선거 출마자는 잘 모른다고 말했던 걸 기억한다. 그만큼 직장에서 보내는 시간이 훨씬 더 많지만 그 시간은 직장이라는 공간 안으로 한정된다.

교사에게
지역과 시민을 알리다

교육지원청과 협력관계가 돈독해지면서 교육지원청의 각종 위원회에 들어가게 되었다. 학교의 요청으로 외부 강사로 출강하다 보니 지역의 시민사회단체 활동을 알리게도 되었다. 조금 친해진 교사들은 필요한 게 생기면 따로 연락을 해 오기도 한다. 예를 들어, 교원연수나 새로운 수업에 관한 강사가 필요하거나, 시민사회단체나 지역사회의 교류가 필요한 경우다. 학교와 지역사회가 정식으로 연결되는 고리가 없기 때문에 교육지원청으로 연락하는 경우가 많다. 교육지원청 장학사들도 갓 부임하거나 지역사회에 대한 이해가 부족한 경우 내게 연락을 한다. 지역에서 교육네트워크가 하는 역할은 그만하면 충분하다고 본다. 교육지원청과 끈끈하게 연결되어 있고 지역에서 발생하는 민원의 완충지대 역할도 하게 된다.

2015년 교육지원청과 민주시민교육을 시작한 뒤 교육지원청에서는 지역의 각 단체를 교사들에게 설명하는 자리를 갖고 싶어 했다. 단체 차원에서는 홍보 기회도 되지만 학교에 필요한 일이 있으면 도움을 줄 수도 있다. 담당 교사와 지역교육네트워크 간의 상견례를 했을 때 조심스럽게 문의를 하는 경우도 있었다. 한 교사가 여성단체의 리플릿을 만지작거리며 물었다.

"혹시 학교에서 성폭력 피해학생을 발견했을 때 이쪽으로 연락 드리면 도움을 주실 수 있나요?"

"당연하죠. 피해자지원센터나 쉼터, 법률 자문까지도 하는 게 이 단체가 하는 일입니다."

노동인권센터의 간사는 교사들이 모인 자리에서 "선생님들의 노동 인권도 지켜져야 합니다. 언제든지 부당한 대우, 직장 내 갑질을 경험하시면 주저하지 마시고 저희 센터로 연락 주십시오!" 하고 우렁차게 외치기도 했다.

교사들에게 시민사회단체의 역할을 이야기하면 몰랐다

는 반응이 대부분이었다. 지역 시민사회단체는 대체로 비슷하다. 전국 조직망이 있는 연대체나 협의체 형태의 시민사회단체가 있고, 지역에서 자생적으로 발생한 단체가 있다. 단체의 이름을 보면 그 단체의 성격을 알 수 있다.

'자치', '시민', '참여'의 이름이 들어간 곳은 행정과 의회의 감시 기능을 한다. 지역의 현안이 발생하면 바로 공동 대응을 하거나 언론에 부정부패, 비리에 관련된 자료를 뿌리기도 하고, 시민들이 가만히 있지 않겠다는 기자회견이나 성명서를 발표하기도 한다. 주로 부정부패, 비리, 특혜 의혹을 밝혀내는 일을 많이 한다.

여성단체는 여성 인권 보호에 주력하는데 최근에는 성범죄 피해자 보호에도 큰 역할을 한다. 지방정부로부터 보호기관을 위수탁받아 운영하기도 한다. 우리 지역의 여성단체는 성인지 감수성을 높이는 교육을 하는 기관, 여성일자리센터, 성범죄피해자지원센터, 디지털성폭력피해자지원센터, 가정폭력과 성폭력 상담소, 쉼터도 수탁 운영한다.

환경단체는 2~3개 행정구역을 묶어서 활동하기도 하고, 기초단체 단독으로 활동하기도 한다. 전국적으로 환경운동연합이나 녹색연합이 있고, 서울에 있는 중앙사무국은 전국망을 묶어 내는 역할을 한다.

경제정의와 관련된 소비자단체도 있는데 모든 지역에 있는 것은 아니다. 노동 인권을 보호하기 위한 노동인권보호단체는 노동조합과 구분된다. 민주노총이나 한국노총의 구성원이 합류하거나 노동조합 총연맹에서 개입하여 설립하는 경우도 있으나 분명히 구분되어 활동한다. 통일운동 단체가 있기도 하고, 지역 특성에 따라 이주민이 많은 지역이면 이주민 인권보호운동 단체가 있기도 하다.

장애인 인권보호 단체도 있다. 특히 발달장애 아동이 늘어나면서 부모 연대나 장애인 부모회의 회원 수가 늘고 있다. 전국장애인연합은 지역의 작은 장애인 단체들이 함께 움직이는 단체다. 민주화운동을 기념하거나 계승하는 단체도 지역마다 비슷한 이름을 갖고 활동한다. 1980년대 민주화운동 세대가 회원의 주를 이룬다.

이 단체들은 대부분 약자와 소수자를 보호하는 역할을 하고, 사회의 인식 개선을 위해 다양한 강좌와 강사 양성 과정을 진행한다. 수천 명의 회원을 가진 단체도 있지만 동아리 수준의 단체도 있다. 100여 명이 넘는 회원을 가졌으면 비영리민간단체로 법적 등록을 하고 회비를 걷어 운영비를 충당한다.

교사들은 시민사회단체가 국가 보조를 받는 줄 알았다고 도 했다. 시민사회단체가 정부 예산을 받는 경우는 공개 모집으로 진행하는 사업비다. 이 사업비는 지방정부나 교육청, 중앙부처에서 모집하는 사업인데 단체의 운영비나 인건비로는 일절 사용할 수 없다. 최근에는 일시적 계약직에게 인건비를 지급할 수 있는 조건으로 조금씩 제도가 변하고 있다. 이런 공모 사업은 올해 있다고 해서 내년에 또 선정된다는 보장이 없어 연속 사업으로 하기 부적절하다. 노련해지면 다양한 공모 사업을 운영하면서 맥락을 만들어 갈 수는 있다.

정부 지원으로 운영비를 받는 단체는 법적으로 정해져 있다. 대표적으로 '자유총연맹, 새마을회, 바르게살기'가 있는데, 이 단체들은 1970~80년대 정부에 의해 조직된 단체로 정부가 하는 일을 돕는 역할을 한다. 사실 지방정부에서 일하는 공무원 입장에서는 고마운 조직이다. 주민자치위원회와 세 개의 사회단체는 동사무소의 이웃돕기 활동, 환경미화 작업까지 도맡아 한다. 일종의 봉사활동으로 인식하기도 한다. 사실상 정부에서 행하는 일에 일손이 필요할 때 적극 나선다. 동원이라고 보는 시선도 있지만 나는 이들을 주체성과 결정권이 미약하지만 소극적 사회 활동의 참여자라고 본다. 태극기를 게양하거나 인도의 잡풀을 뽑아내는 일까지도 한다.

반찬 봉사나 홀몸 어르신을 돕는 일도 한다.

　반면 앞서 열거한 시민사회단체는 봉사활동보다는 자치활동에 주력한다. 시민의 권리를 주장하고 보호하기 위한 활동에 집중하기 때문에 정부에서 요청하는 봉사활동에는 딱히 적극적이지 않다. 예를 들어 GTX 노선 연장이 지역 이슈가 되었을 때는 시민사회단체보다 사회단체가 적극적으로 나서서 지방정부의 편을 들어 주고 서명지를 만들거나 캠페인을 독려하기도 한다. 하지만 재개발 지역에서 맹꽁이가 발견되면 시민사회단체가 맹꽁이 이주에 대한 활동과 캠페인을 벌인다. 그러니 정부나 공무원 입장에서 시민사회단체는 골칫거리고 방해꾼이기도 하다. 예산 집행에 대한 불투명한 절차, 잘못된 조례 제정, 또는 조례에 입각하지 않은 전횡, 단체장이나 기관장의 횡포를 막아 내고 폭로하는 것이 시민사회단체의 역할이다.

　교사들에게 설명을 마친 다음 질문이 있냐고 물었더니 너무 낯선 세상의 이야기라 무엇을 물어야 할지 모르겠다고 답했다. 그래서 내가 되물었다.

　"생협 회원이신 분이 많지 않나요?"

　"네, 저 조합원이에요."

"아이쿱이나 한살림, 두레생협은 많이 이용하실 텐데요. 그렇죠?"

몇 명이 손을 들었다.

"생협은 소비자협동조합 혹은 생활협동조합의 줄임말이에요. 지금 한국의 대표적인 거대 생협은 아이쿱, 한살림, 두레생협 등 세 곳인데요. 여기는 중앙 조직이 있고 지역조합이 있습니다. 중앙 조직이 생기고 지역에 분점을 내는 게 아니라 지역에서 소비자 활동이나 생산자 직거래를 시도했던 작은 협동조합이 뭉쳐서 하나의 커다란 네트워크를 만든 거예요. 그래서 지금은 세 개 정도의 큰 생협으로 나뉘어 뭉쳐 있는 거고요. 우리 지역은 인근 시의 인구가 적은 편이라 두 개 권역을 묶어서 우리 지역 생협으로 되어 있긴 합니다. 원래 생명운동, 농업 운동에서 출범한 거고요. 잘 알고 계시는 풀무원도 생협 운동의 시작과 비슷해요. 기업이 되었지만 출발은 생명운동이었습니다. 생협 조합원이시면 총회에 참석해서 한 표를 행사하실 수 있어요. 주식회사와 달리 협동조합은 출자금이 많고 적음에 상관없이 각각 한 표거든요."

"총회 있다는 문자는 받았는데 오전에 하더라고요."

"오전에 하면 내년에는 오후나 저녁에 해 달라고 건의해 보세요."

"그래도 되나요?"

'그래도 되나요?'라는 질문에 담긴 함의를 오래 생각했다. 지금도 그렇다. 그래도 되냐고 묻는 교사들을 보며 학생들을 생각했다. 저항해 보지 않은 삶, 반항해 본 적 없는 인생, 모범적이며 타인을 위해 솔선수범하는 삶. 교사들의 삶과 나의 삶이 다른 지점은 이런 것이었다. 교사들은 어쩌면 시민사회단체가 필요 없는 삶을 살아왔는지도 모르겠다고 생각하게 되었다.

이후로 다른 교원연수에서도 시민성과 민주시민교육을 실행할 때 저항해 본 경험을 물었다. 학창 시절에 저항했던 기억이 있다고 대답한 사람은 여태 만난 교사 중에 한두 명 정도였다. 저항의 기질을 가진 자는 공교육의 교사가 될 수 없다고 보는 편이 맞겠다.

이후 다른 교사 집단과 만나면서 직접 민원인을 만나는 지방직 공무원 외에 교육 분야 공직자들은 시민사회단체에 대한 오해가 많다는 걸 알게 되었다. 공무원이 만나는 시민사회단체는 이전까지는 주로 민원의 상대였고 시비를 걸어 오는 사람들이었다. 공직자가 수행해야 하는 업무를 방해하는 것은 시민사회단체였던 것이다. 경기도교육청 남부청사 앞에 가면 수많은 현수막을 볼 수 있다. 매일 1인 시위를 나오는 사람도 있다. 비정규직 노동문제는 빠지지 않고 그 외 납품이나 거래에 대한 불만을 제기하거나 부적절한 학교나 교육청의 처사에 대해 항의하는 경우다. 그러니 교육직 공무원이 갖게 되는 시민사회단체에 대한 인상은 강렬하고 험악한 존재일 수도 있다. 충분히 협의할 수 있는 테이블에 앉아 본 적 없으면 누구나 비슷하게 여길 것이다.

산으로 간
학교민주주의

2016년 한 초등학교의 학부모에게 연락을 받았다. 학교 내 갈등 상황이 있어서 외부 지역위원을 위촉해야 하는데 어느 단체의 실무자가 나를 추천했다는 것이다. 인원이 적은 학교였는데 무슨 일이 있는가 싶어서 그들을 만났다. 학교 근처에서 만난 두 명의 학부모가 그간의 상황을 설명했다.

이들이 속한 학교는 인근의 학령기 아이들이 줄어들어 폐교 위기에 놓였던 곳이다. 폐교는 함부로 결정할 수 있는 사안이 아닌지라 관내 교육지원청과 학교, 학부모가 여러 방법을 동원해 영어특화학교로 만들었다. 타 학교에서도 수업을 하러 올 수 있도록 작은 영어마을을 만든 셈이다. 그리고 교장과 교사들이 학부모와 민주적 의사결정 체계를 만들어 공교육에서 시도하지 못하는 다양한 체험학습의 틀을 만들었다.

내게 연락을 해 온 두 사람이 그 역할의 중심에 있는 듯했다. 그들은 새로 부임해 온 교장과 몇 명의 교사들이 합의된 교육철학을 흔들고 있으며, 그로 인해 학부모의 의견이 받아들여지지 않고 있다고 말했다. 쉽게 말해 권력 구도가 기울어지고 있으니 균형을 잡아 줄 사람이 필요하다고 했다. 정확하게 말하면 학부모 측의 힘이 약해지고 있으니 편을 들어달라는 거였다. 어떤 일이 벌어지는지 정확하게 파악하기 어려웠지만 지역위원으로 위촉받는 것은 사양하지 않았다.

지역위원이 되어 학교운영위원회에 참석했다. 상반기 동안 다른 학교보다 학교운영위원회가 유난히 자주 열렸다. 운영위원에게는 일체의 수당이 지급되지 않지만 굳이 애써서 나를 찾아와 위촉을 했으면 뭔가 절실한 이유가 있을 테니 성실하게 참석했다.

교사들은 절반으로 나뉘어 있었는데, 나를 찾아왔던 학부모들과 결합한 쪽은 인원으로 치면 소수였지만 그 힘이 막강했다. 그 힘을 교장과 교무부장이 막아 내고 있었는데, 이 둘이 보호하고 있는 교사들은 회의석상에서 어떤 발언도 하지 않았다. 오히려 기가 죽어 고개를 푹 숙이고 있는 일이 많았다. 그동안 이 학교에 어떤 일이 일어났던 것일까. 회의석상에서 협박에 가까운 이야기를 하는 사람들은 학부모들이었다. 그리고 이들을 옹호하는 교사가 몇 명 있었다.

학교에서 갈등을 빚고 있는 것은 교육과정 재구성에 대한 것이었다. 이 학교에서는 수년째 발도로프교육을 도입해 교육과정에 적용하고 있었다. 놀라운 일이었다. 발도로프교육과정은 독일에서 시작한 대안교육의 한 방식으로 한국의 생명 존중, 생태 중심 대안학교에서 실행하는 교육과정이기도 하다. 오이미트리나 습식수채화 같은 과정은 일부분이고 스스로 생활 자치를 이루어 내는 것이 교육철학인데, 한 아이가 이 과정을 잘 수행하기 위해서는 충분한 지원, 즉 여러 명의 어른이 달라붙어야 하기 때문에 한국의 공교육기관에서는 불가능한 제도라고 보고 있었다. 그 불가능을 이 학교는 가능하게 만들고 있었다.

나는 그 수업을 공교육의 교사들이 어떻게 감당하는지 궁금했다. 한 반에 25명 정도가 모여 있는데 한 명 한 명 살뜰하게 보살피는 게 보통 일은 아니다. 이 학교는 발도로프교육을 하기 위해 외부 강사도 쓰고 재료비도 학교 예산으로 배정되어 있었다. 교사들이 자기 시간을 할애하며 교육과정을 연구했다. 그러나 분명히 한계는 있었다. 학교에는 발도르프교육으로 해결할 수 없는 정규과정이 있다. 결국 고학년으로 갈수록 발도르프교육의 비중을 줄여 중학교에 들어갈 준비가 필요했으나 발도르프교육을 주장하는 학부모들이 이에 대해 강력하게 문제 제기를 한 것이다.

"인력이 부족하면 교장선생님이 인력 수급을 하셨어야지요! 그러면 여태 해 온 교육은 다 공염불이 되지 않습니까! 왜 필요한 인력 수급을 못하세요? 교사 채용을 하셨어야죠. 이번에는 발도르프교육을 이해하는 교사가 한 명도 안 들어왔잖아요!"

학부모의 질책을 듣던 교사들은 고개를 숙이고 아무 말도 하지 못했고, 교장은 "구해 보려 했으나 어려웠다"며 변명했다. 나는 '인력 수급'이라는 단어가 너무나 거슬렸다.

"지금 계속 인력, 인력이라고 말씀하시는데, 꼭 그 단어를 쓰셔야 합니까? 교사 초빙이라는 말을 쓰실 수도 있잖아요. 학부모님들, 교육을 받는 여러분의 자녀는 중요하고, 여기 교사들은 인력에 지나지 않습니까? 발도르프교육은 공교육에서 할 필요도 없고 할 수도 없는 내용이에요. 여태 학교에서 그 정도로 최선을 다해 저학년 중심으로 시도했으면 된 것 아닙니까? 고학년까지 발도르프를 해야 하는 이유가 뭡니까? 개인 재료비 예산도 타 학교에 비해서 많이 들어가는데요. 다른 학교 아이들 생각해 보세요. 왜 이 학교 아이들만 더 특별한 교육을 받아야 하죠? 공교육은 평등입니다. 형평성이 중요해요. 공교육 시스템이 싫으면 대안학교를 가는 게 맞지 않습니까? 공교육의 의무가 아닌 사항을 강요하면서 '인력, 인력' 하는 이유가 뭡니까? 저는 상식적으로 도저히 이해가 가지 않는데요?"

학부모들은 자기들만 특혜를 받고자 하는 게 아니라고 주장했고, 나는 그게 바로 특혜라고 못 박았다.

"공교육은 정해진 교육과정이 있고 모두가 동등한 교육을 받아야 할 의무와 책임을 지키는 겁니다. 왜 여기서만 이러십니까? 교사들이 만만해요?"

이 발언 이후로 학부모회는 나를 요주의 인물로 찍었는지 이런저런 말이 돈다는 소문이 들렸다.

한 가지 문제가 더 있었는데 혁신학교 재지정에서 탈락한 뒤 재지정을 신청하느냐를 놓고 벌어진 논쟁이었다. 당시 지역의 분위기는 혁신학교 재지정에 반대하는 경우가 드물었으니 나로서는 이해하기 어려운 분위기였다.

다수의 교사들은 지금의 체제로도 버티기 힘들 정도로 업무가 과중한데 혁신학교 지정까지 된다면 더 이상 버텨 내기 어렵다고 했다. 학부모회는 혁신학교 재지정을 당연히 신청해야 하는데 교사들이 엄살을 부린다고 비난했다. 그러니까, 애초 정해진 교육과정에 체험과 활동을 덧붙이는 혁신적인 교육과정을 구성하는 것도 모자라 저학년의 경우는 발도르프교육과정을 삽입해야 했는데, 발도르프교육을 주장하는 세력들은 교실 내 미디어 사용을 엄금했기 때문에 교사들의 고충이 이만저만이 아니었다.

혁신학교 지정의 결정적 사유는 구성원 간 합의였다. 그런데 그 합의가 되지 않으니 재지정을 신청한들 될 일도 아니었다. 갈등을 봉합하는 게 우선이었다.

여름방학을 앞두고 학교 구성원 간의 대토론회를 열기로 결정했다. 중립적 입장인 내가 사회자를 맡게 되었다. 나는 그간의 회의 진행을 고려했을 때 분명 토론이 아닌 감정싸움이 되리라 예상했다. 그래서 발언의 원칙을 정해 제안했다.

"발언하실 때 '매우', '정말', '진짜로', '많이'와 같은 부사어는 모두 뺍니다. 감정을 드러내는 말은 하지 마세요. '섭섭하다', '슬프다', '마음 아프다'라는 표현도 하지 맙시다. 그리고 사실, 팩트만 전달하시기 바랍니다. 여기 참여하신 분들은 사실만 전달해도 충분히 이해하고 공감할 수 있는 능력이 있습니다."

부사어와 감정 표현를 빼 버리니 토론회는 건조하지만 운영은 되었다. 토론회 전에 학교 교육과정에 대한 설문조사를 실시했는데 총 학생 350여 명인 학교에서 264명의 설문 답안이 회수되었다. 형제자매가 같은 학교에 다니는 경우를 고려했을 때 90퍼센트 이상의 학부모가 설문에 응한 셈이라고 교사가 설명해 주었다. 그리고 토론회 날짜를 잡은 상태에서 교사들은 혁신학교 신청에 관한 내부 설문조사를 실시했는데, 교사 다수가 재지정 신청을 반대했다.

혁신학교 신청을 하라는 학부모의 요구가 거세지자 나는 토론회를 중단하고 도교육청의 혁신학교 담당자와 통화를 시도했다.

"갈등 봉합이 우선입니다. 혁신학교 지정에 어떤 조건은 없어요. 규정이 없는 것이 혁신학교의 취지입니다. 구성원 사이에 합의만 되면 됩니다. 그런데 그 학교는 그게 안 되잖아요. 이런 케이스는 사실 경기도 내에서 없어요. 저희도 뭐라고 답을 드릴 수 없는 상황입니다."

토론회는 30분간 쉬는 시간을 가졌는데도 아무도 퇴장하지 않았고 이후 세 시간 동안 이어졌다. 교사에게 교육과정에 발도르프교육을 몇 퍼센트 이상 삽입하라는 강요를 하지 않는 것, 교사의 학습지도에 대한 권한을 인정하는 것, 타인의 수업권을 침해하지 않는 것, 그리고 일 년간 휴지기를 갖다가 내년에 다시 혁신학교에 도전하는 것이다. 결론은 이미나 있었고 서로 한발 양보하면 될 일이었다. 토론회는 적당히 포장된 화기애애한 분위기로 마무리되었다.

토론회 이후 관련 내용을 정리해 지역신문에 보도 자료를 보냈고, 담당 기자가 보충해 기사화했다. 다음 날부터 나는 학부모들로부터 여러 통의 항의 전화를 받았다. 편파적인 사회를 본 것에 대해 사과하라는 요구였다. 나는 편파적으로 사회를 보지 않았고 사과할 생각이 없다고 대답했다.

"제가 어제 사회를 본 기준은 제 인생에서 비롯된 철학과 신념입니다. 그것이 편파적이라고 비난하시면 저라는 인간 자체에 대한 문제를 제기하시는 것인데, 저는 제 인생에 대해서 학부모님들께 사과할 생각이 없습니다. 당신들은 혁신학교 재지정 신청을 할 자격이 없다고 제가 분명히 말씀드렸습니다."

그때쯤, 처음 나를 지역위원으로 위촉한 사람이 페이스북에 등장했는데 친구 신청은 하지 않고 얼굴 없는 프로필 사진으로 팔로잉만 한 것을 알게 되었다. 가을이 되면서부터 학교의 다른 학부모, 교사, 지역의 다른 인사 등 여러 구성원으로부터 더 상세한 이야기를 들을 수 있었다. 몇몇 학부모가 내 페이스북을 감시하며 해당 학교나 교육에 관한 이야기를 쓸 때마다 캡처해서 돌려 보고 비난하고 있다는 얘기도 들렸다. 나는 사실, 이런 비난에 별로 개의치 않는 성격이다. 그런 일에 일일이 감정을 소모하기엔 내 일상이 너무 바빴다.

  학교는 생각보다 훨씬 더 심각한 상태였다. 미디어를 사용하면 마녀 취급을 하는 교사가 있었고, 초임 교사가 발도르프교육과정을 생략하면 "아이들의 행복을 위해 해야 되는 일인데 너는 태도가 글러먹었다"며 비난했다. 학부모들은 학부모실에 상주하며 어떤 교사가 어떤 수업을 하는지 엿본다고도 했다. 이런 이야기는 모두 건너서 들은 이야기이고 내가 눈으로 확인하지 않은 것이니 크게 유념할 일은 아니었다. 대신 상상할 수 있는 것은 그저 교사들이 상당히 스트레스를 받고 있으며 학교 전체 분위기가 우울감에 휩싸여 있다는 것이다.

  교사의 스트레스는 고스란히 아이들에게 전해졌다. 6년간 미디어 교육을 한 번도 받지 못한 아이들이 우려된다며 졸업반 아이들에게 미디어리터러시 강의를 해 달라고 요청한 교사가 있었다. 발도르프교육에 휘둘리지 않으려는 교사가 교원연수도 신청해서 미디어리터러시 교육에 대한 교원연수도 진행했다. 그날 내가 강의를 맡은 교원연수에는 발도르프교육 신봉자가 한 명 들어와 있었는데 그는 무슨 말인지 내용을 하나도 모르겠다며 일찍 자리를 떴다. 나는 그에게 "뉴스는 보실 거 아니에요?"라고 물었는데 그는 "뉴스 같은 거 안 본 지 10년이 넘었다"고 당당하게 대답했다. 수년이 지나 어떤 종교 단체의 방역 지침 불이행 문제가 불거졌을 때 나는 그가 혹시 그 종교 단체의 일원이 아니었나 의심해 봤다. 그만큼 그의 행동은 어딘가 교조주의적이고 종교적인 분위기가 있었다.

그 학교의 지역위원으로 참여한 마지막 학교운영위원회는 결정적인 장면을 남겼다. 당일의 안건으로 학부모 측에서는 특정 교사를 언급하며 학부모에게 범죄 운운한 발언을 사과하라고 문건을 만들어 왔다. 상황은 이랬다.

발도르프교육과 대안교육에 입각한 저학년 교육의 질이 높다는 소문이 나자, 이 학교에는 위장전입자가 엄청나게 증가했다. 이 학교 주변엔 초등학교가 3개 있다. 북쪽으로 1킬로미터에 하나, 서쪽 400미터에 하나, 동쪽 600미터에도 있었다. 도시의 생태가 변하면서 폐교가 되어도 무방한 학교가 과밀학급이 될 위기에 처했다. 위장전입을 너무 당당하게 여기는 학부모를 본 교사가 "지금 이렇게 입학하는 거 모두 불법인 거 아시죠?"라며 범죄자 취급을 했으니 이에 대한 사과를 하라는 게 학부모 측에서 제안한 안건이었다.

해당 교사는 회의에 참석해 고개를 숙이고 별말을 하지 않았고, 교장은 이미 다른 학교로 보직 이동을 한 상태였다. 교감이 직무대행을 하고 있었는데 철벽을 치고 있었다. 양쪽 어디도 아닌데 소통은 잘되지 않는 느낌을 내뿜었다. 나는 학부모들의 주장을 한참 듣다가 또 참을 수 없어졌다.

"어머님, 그러면 지금 불법적 행위에 대해서 '이것은 불법 행위'라고 지적한 것을 사과하라는 말인데, 그 말은 이 학교가 불법적 행위를 공식적으로 용인하라는 뜻이죠? 그걸 원하시는 겁니까?"

그는 얼굴을 파르르 떨며 폐교 위기에 처한 학교를 인기 있는 학교로 만든 것은 모두의 노력에 의한 것인데 저런 폭력적인 언사를 한 것에 대해서 참을 수 없고, 너무 가슴이 아프고 마음의 상처를 입었다며 다시 감정 표현을 하기 시작했다.

"그러니까 어머님 지금 요구하시는 건 저 교사 개인이 사과를 하는 게 아니고, 운영위원회에서 공식적으로 사과를 하라는 건데, 그건 학교가 공식적으로 사과를 하는 거예요. 저 사람은 개인으로 존재하지 않는다고요, 지금 여기서! 그리고 위장전입을 하는 게 뭐가 자랑이라고 여기서 지금 사과를 요구합니까! 지금 위장전입이 당연하다는 겁니까?"

남들도 다 하는 위장전입 뭐가 그렇게 문제가 되며, 학교 측의 폭력적 대응이 바로 박근혜 적폐와 같은 구시대의 답습이라는 발언이 이어졌다.

"여보세요. 여기 공교육 하는 학교예요. 그럼 불법적 행위에 대해서 모른 척하고 넘어가라는 겁니까? 현 정부에서 장관 되려면 위장전입이 필수라더니 지금 이 정부 장관들이세요? 위장전입을 누구나 한다고 하면 조례를 바꿔 가지고 오세요. 그게 시대에 안 맞는다면 같이 노력해서 바꾸면 되잖아요. 여기서 위장전입을 할 수밖에 없고, 그게 공교육의 발전을 위해 필요하고, 다른 학교 아이들에게도 혜택이 갈 수 있다면 같이 조례를 바꾸든가 도교육청에 건의를 해요. 그렇게 해서 합법을 만드는 게 시민이 할 일입니다. 내 새끼 위장전입시킨 것은 봐주고 그 옆집 아이는 다른 학교 가서 일반적인 공교육 받는 것에 대해서는 괜찮으십니까? 그게 이기주의 아닙니까? 그게 교육인가요? 어디서 지금 정부의 적폐와 불법행위 지적한 것을 비교합니까!"

"아니 그러니까 위원님, 저희는 왜 특정 학부모에게만 선생님이 그런 발언을 하느냐는 걸 문제 삼는 거예요!"

"어머님, 음주 운전 많이 발생하는 지역은 단속 자주 하는 게 맞고요. 무단횡단 많은 지역은 감시 체계를 더 강화하는 게 맞아요. 그래야 질서가 잡히죠. 어디서 지금 학교운영위원회에서 공식적으로 불법행위 지적한 것을 사과하라고 합니까! 회의는 기록에 남아요! 부끄러운 줄 아셔야지!"

학교운영위원회에 참석한 학부모들은 눈물을 흘렸고 나는 목소리가 커졌다. 사과는 하지 않는 것으로 일단락되었다.

학년이 끝났고 그 학교에서는 새로운 지역위원을 위촉하겠다고 연락이 왔다. 학부모들도 내게 한 번 더 지역위원을 해 줄 수 있냐고 물어서 생각해 보겠다고 한 사이, 양측에서 교육장 출신이거나 더 막강한 경력자로 지역위원을 위촉하게 되었다고 연락을 받았다. 그렇게 그 학교와 연이 끊어졌다. 이후 내가 학교운영위원회와 토론회를 진행한 것은 지역의 풍문이 되었다.

이 학교의 사례는 지역에 큰 상처를 남겼다. 그 학교에도 마찬가지였다. 근무했던 교사들은 한둘씩 임기를 마치고 학교를 떠났고, 다시는 우리 지역에 돌아오고 싶지 않다는 말을 남기기도 했다. 정신적으로 육체적으로 피폐해진 교사도 있었다. 이 학교의 전개 과정을 알고 있는 교사들에게 학부모는 두려운 존재가 되었다. 이들이 추구했던 것이 혁신교육일까? 아니. 나는 교육 사대주의라고 단언한다. 나 역시 학부모의 교육 개입에 대해서 상당히 회의적인 입장이 되었다. 이들이 주장했던 일은 오랫동안 지역사회에 파장이 남았다.

아픈 아이들,
아픈 학교

외부 강사로 학교에 가 보면 학교의 현실을 보게 된다. 아이들에게 하루 종일 짜증을 내는 교사가 있었다. 그 사람은 계속 어딘가 아팠다. 감기에 시달렸고 콧물을 훌쩍이며 담요를 뒤집어쓰고 있었다. 교사는 병가를 낼 수 없었기 때문이다.

가까운 지인의 부인은 초등학교 교사로 곧 정년 퇴임을 앞두고 있는데 겨울에서 봄 사이 늘 독감에 시달린다고 했다. 아이들이 와서 교사에게 코를 묻히고 침을 묻힌다. 선생님이 살가운 경우 아이들은 와서 엉겨 붙고 어리광을 부린다. 초등학교 저학년은 어쩔 수 없다. 학교는 왜 이렇게 어쩔 수 없는 일이 많은가.

　다문화집중학교로 지정된 학교는 암담할 정도였다. 2학년 수업을 4회 연속 맡았다. 아이들과 마을 지도를 만들고, 마을에서 만난 사람들을 그려서 종이 인형으로 만들어 우리 마을 이야기를 구성하는 내용이었다. 한 반에 예닐곱 명이 수업에 참여할 수 없는 정도의 언어 문제와 행동 문제를 보였다. 그림을 그리고 가위로 잘라 내 오려 붙이는 수업이다 보니 아무래도 도구 사용에 주의가 필요했는데 가위를 쥐고 짝꿍의 머리나 옷을 자르려는 흉내를 내는 아이, 교실 바닥에 드러눕는 아이, 계속해서 교실을 돌아다니거나 공격적 행동을 보이는 아이들이 있었다. 2학년 1반의 부장교사가 이 아이들의 손을 잡고 안아 주고 달래 주다 교실 밖으로 데리고 나가기도 했다. 부장교사가 아이들을 다루는 모습은 흡사 가족구성원으로서의 할머니 같았다. 교사는 교육자이지만 동시에 보육을 더 많이 책임져야 하는 구조였다.

　몇 개의 교실이 비슷한 양상을 나타냈고 적잖은 충격을 받았다. 도대체 이런 환경에서 어떻게 교육을 진행할 수 있단 말인가. 다문화집중학교라고 지정해 놓고 교육청은 과연 무엇을 지원해 주고 있는가. 언뜻 살펴본 바로는 다른 나라의 전통의상 입어 보기, 아시아의 다양한 악기 배우기 정도가 있었다.

　심한 정서불안 상태를 보이는 아이와 아예 언어소통이 안 되는 아이가 있었다. 그중 한 아이는 내가 만난 네 번 내내 양말을 신지 않고 왔다. 처음엔 비가 오는 날이라 그런가 보다 했는데 화창한 날도, 바람이 많이 불던 날도 양말을 신지 않았다. 까무잡잡한 아이의 맨발이 내내 마음에 걸렸다. 나는 번화가를 돌아다니다 양말이 잔뜩 걸려 있는 액세서리 가게에서 가장 작은 사이즈의 양말을 스무 켤레 샀다. 그리고 다음 수업 시간에 학교에 가서 교사 휴게실로도 쓰고 교육기자재도 보관하는 교실 책상 위에 올려 두었다. 학교를 나오고 난 뒤 그 아이의 담임교사에게 문자를 보냈다.

　"○○이가 항상 양말을 신지 않고 오던데 마음이 쓰여 어린이 양말은 아니지만 급한 대로 사다 놓았습니다. 필요하실 때 쓰시면 좋겠습니다."

　담임교사는 마음 써 줘서 고맙다고 회신했지만 내 오지랖이 그에게 불쾌했을지도 모르겠다. 담임이 알아서 챙기고 있는데 외부인 입장에서 괜한 짓을 한 건 아닌가 오래 망설였다. 결과적으로 내 마음 편하자고 한 짓이다.

정부기금을 받아 주말에 취약계층 아동을 대상으로 음악교육을 진행하는 프로그램에서 만났던 다문화 형제가 있다. 이 아이들은 동남아시아에서 온 엄마가 있었는데 한국인 아빠와는 오래전에 헤어졌다. 아이들은 할머니가 주로 돌보고 있었다. 오전에 우리 프로그램에 참여한 아이들은 부랴부랴 커다란 악기를 들고 30분 동안 버스를 타고 마을의 복지관에 가야 했다. 영어교육 프로그램과 한글 강화 프로그램에 참여했다. 주말마다 아침부터 저녁까지 여러 기관을 전전하며 각종 프로그램에 참여했다. 다른 다문화 아이들에게서도 비슷한 패턴을 발견했다. 상담실에 와야 하는 아이가 복지관 프로그램을 가느라 빠지기도 했고, 한글로 읽고 쓰는 게 안 되는데 다른 인성교육 프로그램에 참여하느라 늘 바빴다.

　아이들은 "주말이 싫어요"라고 얘기했다. 집에서, 놀이터에서 친구들하고 놀았으면 좋겠는데 한 번 복지기관 리스트에 올라간 아이들은 정작 그 아이가 필요한 게 무엇인지 묻지 않는 어른들에 의해 이 기관 저 기관의 프로그램 수혜 대상자가 된다. 그렇게 한글을 모르는 상태로 4학년이 되고, 5학년이 된다. 지역의 한 목회자는 자기가 다문화 아이들 대상으로 무상교육을 하고 있다면서 "한글을 모르는 건 이해가 가는데 어떻게 더하기 빼기를 못하는지 이해할 수 없다"고도 했다. 글쎄, 나는 그 목회자의 말이 무엇을 말하는지 정확히 파악하지 못했다.

학교 사회복지사가 기획한 동아리를 2년 연속 운영한 적이 있다. 첫 수업에 열두 명 정도가 모였다. 마을 이해 교육과 독서 동아리를 접목한 형태로 수업을 구성했고, 사전에 사회복지사와 의논해서 커리큘럼을 정리했다. 첫날이라 학교도서관에 방문해 책을 골라 보기로 했다. 나는 마을에 관한 책을 찾아보자고 권했다. 갑자기 소리를 지르는 여자아이의 목소리가 들렸다. 나는 서가를 살피며 소리가 나는 쪽으로 향했다. 화가 난 아이는 펄펄 뛰다시피 하며 고함을 치고 있었다. 이 아이에게 욕을 먹고 있는 상대방 아이는 황당하다는 듯이 가만히 서 있었다.

"니가 나 밀쳤잖아! 계단에서! 니가 밀쳤으니까 가만두지 않을 거라고! 갑자기 그렇게 툭 튀어나오면 어쩌냐고! 계단에서 넘어지면 병원에 가야 한단 말이야! 병원비가 많이 나오면 니가 책임질 거냐고! 병원비 많이 나오면 우리 집 망한다고! 니가 책임질 거냐! 니가 밀쳤잖아! 나 죽으라고!"

아이의 말은 비약이 심했다. 공포감이 심한 것은 알겠으나 일반적인 반응은 아니었다. 한 아이가 교실로 달려가 사회복지사 선생님을 데려왔다. 내가 아이들과 수업을 이어 나가는 사이 사회복지사 선생님은 화가 난 아이를 칸막이 안으로 데리고 들어갔는데 얼마 지나지 않아 아이가 뛰쳐나갔다.

각자 가져온 책을 살펴보며 읽어 보고 돌아가면서 자기가 가져온 책을 소개하고 있었는데 울면서 뛰쳐나갔던 아이가 다시 교실로 돌아왔다. 그러고는 똑같은 이야기를 반복했다.

"쟤가 나 밀쳤다고요! 쟤 때문에 제가 죽을 뻔했잖아요! 내가 병원에 가면 병원비가 많이 들고 그러면 우리 집이 망한다고요!"

나는 아이가 안타깝기만 했다. 어떤 일이 있었길래 신체의 고통보다 가정의 경제 사정을 더 염려하게 했을까. 아이와 부딪혔던 남자아이는 자기는 앞을 보고 내려가고 있었고, 화를 낸 아이가 뒤에서 고개를 숙이고 내려오느라 자기와 부딪힐 뻔한 거라고 얘기했다.

한 번도 접해 본 적 없는 교실 분위기였다. 수업이 끝나고 아이들이 돌아가자 한숨이 나왔다. 사회복지사와 책상을 정리하고 있는데 그가 부드러운 목소리로 말을 걸었다.

"오늘 화낸 아이 이름은 은서예요. 하루에 한 번씩 본인에게 억울한 일이 생겨요. 울고 폭발하듯이 화를 내는데, 주로 누군가 자기를 괴롭힌다는 거예요. 피해의식이 심한 거 같아요. 엄마에게 연락을 해도 답도 없고……."

"아이가 정말 힘들겠어요. 다칠 수 있는 상황에서 병원비만 얘기하는 거 보면 집에 편치 않은 사정이 있나 봐요."

사회복지사가 난감하다는 미소를 지으며 나를 바라봤다.

"선생님, 사실은 방과후 독서 동아리라 제가 좀 힘든 아이들을 모았어요. 오늘 첫 수업이라 아이들 이름 다 모르실 텐데, 은서는 ADHD 약을 먹다가 최근에 중단했어요. 영운이는 수업이 안 돼요. 걔도 ADHD인데 언어소통이 안 되는 정도고요. 나영이는 부모님이 10시쯤 오나 봐요. 학교 끝나고 항상 혼자 있어서 아이가 좀 무기력하죠."

사회복지사는 아이들의 특성을 간단하게 알려 줬다.

"사실 이런 수업을 누구에게 맡기겠어요. 그래서 선생님께 부탁했어요. 아이들이 교실에서는 자기 특성을 잘 드러내지 않아요. 없는 애처럼 있다가 여기 와서 감정이 쏟아져요. 저는 선생님은 해내실 수 있는 사람이라고 생각했어요."

부담스러웠다. 그러나 이 부담이 내게 추진력이 된다는 것을 나도 알고 있었다. 사회복지사도 몇 년 전 내가 장기간 진행하는 강좌를 들으며 그걸 파악했겠지.

이 학교의 수업은 한 학기 약 12회 차에서 15회 차로 구성해 2년 연속 수업을 했다. 그리고 두 번째 해 마지막 날 사회복지사가 책상을 정리하며 말했다.

"선생님, 우리 이제 그만해요. 여기까지요. 저도 너무 힘드네요."

그 다음 해에 학교에 배치되어 있던 사회복지사와 상담사가 대거 해고되었다. 이들은 어차피 계약직이었던 터라 큰 이슈가 되지도 못했다. 결국 한 명의 사회복지사가 서너 개의 학교를 순환근무하게 되었다.

2017년 학교의 교육 복지사와 상담사는 경기도교육청에 의해 대거 해고되었고 아이들이 찾던 상담실의 문은 닫혔다. 교실에서는 자신을 드러내지 않던 아이들이 상담실이 사라진 후 어떻게 지냈는지 나는 알지 못한다.

2016년에 4학년으로 독서 클럽에서 만난 아이를 2019년 인근의 중학교에서 만난 적 있다. 어디서 본 얼굴이라 곰곰이 생각했다. 아, 독서 클럽. 내 무릎에 찰싹 붙어 앉아서 얄미운 소리를 제법 하던 아이의 이름을 기억해 냈다. 수업이 끝나고 자리를 정리하다가 내가 아이를 불렀다.

"황유진. 너 황유진이지?"

아이는 당황스럽고 쑥스럽다는 미소를 지으며 고개를 갸웃거렸다. 이름은 맞았는데 내가 기억나지 않는 것 같았다.

유진이는 3, 4학년 연속 독서 클럽에 왔던 아이였다. 첫해에는 그럭저럭 수업을 해 나갔는데 4학년이 되어서는 문제 행동이 생겼다. 모든 말에 부정적으로 대답했고 내 앞에서 소리를 버럭버럭 지르기도 했다. 그 아이가 잘 커서 교복을 입고 친구들과도 어울리고 있으니 무척 반가웠다.

"선생님 기억 못해? 너 ○○초등학교 나왔잖아. 그치?"

"네. 어떻게 아세요?"

"선생님하고 2년 동안 독서 동아리 했는데. 올빼미 독서 클럽 기억 안 나?"

"모르겠는데요……."

아이는 여전히 모르겠다는 표정이었다.

그래, 기억 안 하는 게 좋을지도 모르겠다. 아이에게 3, 4학년 시기가 암흑이었다면 독서 클럽 같은 건 잊는 게 낫다. 그때보다는 훨씬 나은 모습으로 웃고 있으니까.

나는 교육네트워크를 통해 학교에 출강하는 강사들에게 사전에 꼭 담임교사와 통화해서 주의할 점이 있는지 물으라고 한다. 한 반에는 한 명 정도 주의 깊게 봐야 하는 아이가 있기 때문이다. 학교에 따라 그 아이를 대하는 분위기는 천차만별이다. 학급 내 아이들이 아픈 아이를 함께 돌보는 반이 있는가 하면, 티 나지 않게 차별하고 따돌리는 분위기도 있다.

강사가 제일 가슴 아파하는 것은 아이들의 대열에서 책상을 멀찌감치 떼어 놓고 앉아 있는 아이다. 담임교사가 말썽을 부린다고 아예 격리시켜 놓는 아이들이 있다. 그런 아이가 수업 중에 떠들거나 엉뚱한 짓을 하면 차라리 나은데, 내내 책상에 엎드려 있거나 수업에 전혀 참여하지 않고 침울한 모습을 보이면 고통스러웠다. 오죽하면 그랬을까 생각하지만 아무리 그래도 좋은 방법은 아니라는 생각을 지울 수 없다.

어떤 교실에서는 담임교사가 한 아이를 알려 주며 내게 이렇게 말하기도 했다.

"아스퍼거증후군이 있어서 경쟁을 시키면 좀 격해지거든요. 그래서 동의하에 모둠활동은 참여하지 않기로 했어요."

"아, 그렇군요. 그러면 저 친구는 지적장애나 다른 발달장애도 같이 있는 복합성인가요?"

"그건 저도 잘 몰라요. 아무튼 저 아이는 활동 보조 선생님이 계시니까 신경 쓰지 않으셔도 돼요."

외부인이 왔을 때 신경 쓰지 않아도 되는 아이들. 교사들은 대체로 문제가 있는 아이들을 부끄러워했다. 이것은 과연 교육인가?

교육 분야의 시민활동가로, 집필 노동자로 살다 보니 교육 비전과 전망에 관한 원고 청탁을 받기도 한다. 그럴 때마다 교사들에게 전화를 해서 간단한 인터뷰를 부탁했다. 가정 형편이 어려운 아이들이 많이 다니는 학교에서 근무하는 두 교사를 만난 적 있다. 한 사람은 내게 이렇게 말했다.

"저희는 아침에 오자마자 운동장에서 체육을 한바탕 하고 들어가요. 저희 교육공동체가 결정한 하루 일과예요. 저희 학교에는 어려운 애들이 많아요. 부모가 정말 엉망인 애들도 있어요. 부모에게 맞는 애들도 있고요. 그런 애들이 집에서 잠이나 제대로 자겠어요? 온몸으로 스트레스를 겪고 너덜너덜해져서 학교에 와요. 그래서 저희는 아침에 체육을 하기로 했어요. 오자마자 가방 내려놓고 무조건 몇 바퀴를 뛰어요. 그러면 그게 좀 해소가 돼요. 수업이 잘돼요. 애들이 몸을 움직이면서 집에서 받았던 스트레스를 좀 잊나 봐요. 그리고 밥도 잘 먹고 집에 보내요. 하지만 또 반복이죠. 이걸 어떻게 하면 좋을지 모르겠어요. 저희도 힘들죠. 매일 아침마다 그 꼴을 본다고 생각해 보세요. 저도 여기 오래 못 있을 거 같아요. 그런 애들 보는 게 너무 가슴이 아파요."

다른 교사의 얘기도 다르지 않았다.

"저희 학교는 공업지대에 위치해 있어요. 학부모 중에는 외국인노동자가 많지요. 그래서 가정통신문을 보내는 게 별로 의미가 없어요. 저희 학교는 방과후를 잘 꾸렸어요. 방과후에 프로그램을 하는 게 아니라 아이들이 생활 자치를 하게끔 해 봤어요. 그게 어린애들은 당연히 잘 안되고 3, 4학년부터는 가능하죠. 처음엔 그냥 지들끼리 누워 있어요. 스마트폰 달라고도 하고. 그러다가 뭘 하고 싶니, 하고 물으면 '공놀이요' 하고 대답해요. 그러면 공 갖다 줘요. 그러다 보니까 애들이 집에 가는 것보다 학교에 있는 게 좋대요. 방학 때도 나와요. 방학 때도 교실을 열고 가능한 사람들이 아이들을 돌봐요. 돌봄 선생님도 계시고요. 저희 아이들은 가정에서 물리적인 학대를 받는 경우는 좀 적고, 방치나 방임 상태에 놓인 경우가 많아요. 그런데 부모 입장에서는 먹고살려는 거니까 어쩔 수가 없어요. 그래서 아이들이 즐거운 학교, 오고 싶은 학교를 만드는 게 목표였어요. 그게 되더라고요. 저는 담임도 안 하고 전담도 안 해요. 수석교사도 아니에요. 그냥 교사들이 필요한 걸 지원해 주는 행정지원이에요. 그게 제 일이에요. 저희 지역은 그게 가능해요. 그러니까 혁신교육 표방하지 않아도 자연스럽게 일이 잘돼요."

학교 밖의 사람들은 아이들을 더 안타깝게 볼 수 있다. 외부인은 아이들과 부대끼며 생활하지 않기 때문이다. 아이들은 처음 보는 외부 강사에게 살갑게 군다. 낯선 어른이지만 교실 안에서 만나기 때문에 호기심이 가득하다. 그렇다 보니 외부인이 보는 아이들은 훨씬 더 예쁘고, 훨씬 더 안타깝다.

반면 지역교육네트워크에 속해 있는 강사들이 어려워하는 아이들은 위장전입을 불사하는 학부모로 인해 과밀 학교가 되어 버린 중산층 이상, 사교육 수혜를 많이 받는 학교의 조련된 아이들이다.

어려서부터 사교육과 경쟁 시스템에 길들여진 3, 4학년과 모둠수업을 할 때는 양보와 타협이 어렵다. 네 명을 한 모둠으로 구성해 각각의 역할을 나누어 맡았는데, 모든 과정에 자기 의견대로 하기를 바라는 아이가 반마다 있는 학교도 있었다. 그런 아이들은 비협조적인 태도로 일관하다가 결국 울음을 터뜨리고 화를 내거나 짜증을 부려 모둠원을 난처하게 만들었다. 결국 담임교사가 들어와 내내 아이를 설득했다. 그 모둠은 교사가 아이를 달래는 모습을 바라보면서 시간을 날리는 것이다. 거의 행패 부리듯 수업을 방해하는데도 크게 제재받지 않았다.

모둠활동으로 모두가 공평하게 자기 자리에서 글씨를 쓰게끔 전지를 나눠 주면 자기가 모든 것을 기록하겠다고 종이와 연필을 움켜쥐는 아이도 있었다. 내가 진행하는 수업은 민주시민교육에 입각하여 평등과 호혜의 정신을 교육활동에 녹여내는 게 목적이라 모두가 평등하게 참여하게끔 설계하는데, 어떤 아이들은 평등에 익숙하지 않은 게 또렷했다.

혹은 "선생님, 얘는 빼고 하면 안 돼요?" 하고 대놓고 배격하는 아이들도 있다. "선생님이랑 할 때는 모든 친구가 똑같이 했으면 좋겠다"라고 하면 "어차피 쟤는 잘하지도 못하는데"라고 입을 삐쭉거린다.

중고등학교로 올라가면 다른 일들이 펼쳐진다. 최근 몇 년사이 교실 내 남녀 대립이 심해졌다. 페미니즘이 본격적으로 비난의 대상이 된 것은 코로나19 팬데믹 이후라고 볼 수 있는데, 교실 안에서는 그 이전인 2018년부터 성 대립이 확연하게 나타났다. 사전에 "여성주의 이야기는 안 하셨으면 좋겠다"는 부탁을 한 교사도 있었고, 남녀 대립이 심해 분단을 나눠 놨으니 모둠수업을 하지 말아 달라고 부탁한 교사도 있었다. 긴장하며 수업에 들어갔던 교육네트워크의 강사들은 교사의 당부와 달리 별 문제가 없었다고도 했다. 여자아이가 발표했을 때 남자아이들이 비난하는 일도 발생하지 않았다. 기법이나 수업 역량의 문제라기보다는 낯선 사람 앞에서는 속내를 드러내지 않았을 수도 있다.

　반면 심하게 공격을 받은 여성단체 강사도 있었다. 자기소개를 하고 다양성에 대한 수업을 시작하려는데 한 남학생이 "선생님 시민사회단체에서 왔다면서요? 그런데 우리하고 무슨 말을 해요. 이미 다 결론 내놓고 온 거잖아요"라고 저항하는 바람에 두 시간 수업을 다 망쳤다는 고백도 있었다.

　강사나 교사의 개인 역량으로 극복할 수 있는 문제는 아니라고 본다. 구조적으로 기울어진 운동장과 성적 불평등에 대한 담론이 사회에서 탄탄하게 자리 잡지 않으면 언제고 반복될 수밖에 없는 일이다. 외부 강사가 정말 뛰어난 역량을 발휘해 한 번의 수업은 무사히 넘어갈 수 있겠으나 그 앙금은 내내 교실에 남아 화살이 교사에게 돌아갈 수 있다.

　사실 나는 중학교 아이들과 뭔가를 도모하는 것이 무척 즐겁다. 아이들이 통제가 안되어서 힘들지만 통제가 안되어서 매력적이다. 여기저기서 돌출적으로 쏟아 내는 이야기와 행동에 생명력을 느낀다.

　고등학생과는 학구적인 이야기를 할 수 있다. 한때 미디어리터러시 동아리를 8주 차 운영한 적 있다. 아이들에게 현재의 미디어 지형에서 궁금한 것을 얘기해 보자고 했더니 조국

전 법무부 장관의 사건을 물어본 적이 있다. 언론마다 이야기가 다르다면서 아이들이 진실을 알고 싶다고 했다. 나는 리영희 선생이 말했던 사실과 진실의 차이점을 이야기할 수 있었고, 아이들은 언론사의 각기 다른 태도를 스크랩해 와서 함께 논평한 적이 있다. 고등학교 수업에서 아이들이 보여 준 집중력은 놀라웠다.

나는 아이들은 모든 걸 알고 있다고 생각한다. '안다'는 것이 꼭 언어로 표현되지 않을 때가 많을 뿐이다. 가정 내에서도, 바깥에서도 아이들은 어른의 행동과 기운을 정확하게 감지하고 그에 따라 행동한다. 어른들은 아이들이 언어로 느낌을 표현하지 않는다고 해서 '모른다'고 착각한다. '모르길 바라'는 어른의 마음만 있을 뿐이다.

초등학생부터 고등학생까지 수년 간 다양한 아이들을 만났다. 학교에서, 학교 밖에서, 동아리 수업에서, 시민사회단체의 활동에서 다양한 계층에 속한 다양한 아이들을 본다. '아이들은 이렇다'라고 단언할 수 있는 게 단 한 가지 있다면, 사랑과 믿음을 받고 자란 아이들은 티가 난다는 것이다. 가정에서 사랑과 믿음을 준다면 더없이 좋겠지만 복잡한 사회구조상 이상향을 기대할 수는 없다. 사회는 점차 파편화되고 분절될 것이며, 가족의 형태는 갈수록 다양해지고 있다. 앞서 언급한 것처럼 가정으로 돌아가는 게 괴로운 아이들이 있다. 이런 아이들에게 학교는 유일한 피난처가 될 수도 있다. 그렇다면 교사가 이 아이들을 모두 받아 낼 수 있는가. 그 역시도 불가능한 일이다.

엘리트 과정을 거친 젊은 교사들이 점점 늘어나고 있는 게 현실이다. 이들에게 저소득층과 피학대아동의 상황을 살피는 일은 쉽지 않다. 수도권은 적지 않은 사람들이 '지옥고(반지하, 옥탑방, 고시원)'라는 주거 환경에서 살고 있으며 도시빈민으로 살아야 하는 여러 가지 사연이 있다. 가난해 본 적 없는 사람이 가난에 대해 이해하는 것은 매우 피상적이다. 교사는 만능일 수 없으며 교육과 행정, 돌봄과 복지까지 수행하라는 건 한 개인에게 가혹한 일이다.

이런 상황을 보완하기 위해 '교육복지우선지원사업'이 있다. 취약계층이 많은 지역의 학교에 교육 복지사를 파견해 교육취약계층 학생에게 교육복지 차원의 다양한 프로그램과 의료 지원까지 하는 것이다. 2016년 경기도교육청의 교육 복지사 무단 해고 이후 그들의 존재가 사회에 드러났다. 경기도교육청의 경우 인건비 문제로 재정이 어렵다며 교육 복지사를 대거 해고했고, 교육복지우선지원사업 학교도 줄여 나갔다.

현재 경기도의 경우 교육복지우선지원 대상 학교의 절반이 교육 복지사가 없는 것으로 알려졌다. 교실에서 해결하지 못하는 문제를 모두 정규직 교사에게 떠밀 수 없는 일이다. 교육 복지사와 학교 상담실은 학생들이 학교에 있는 시간 내내 열려 있어야 한다. 또한 코로나19 팬데믹으로 심신이 지친 교사도 제도권 내에서 심리 치유를 비롯한 노동권을 보장받을 수 있는 여러 복지 시스템이 필요하다. 학교 내 비정규직에 대한 처우 개선도 복지사업의 한 갈래로 들어서야 한다.

교실 안에는 갈라진 마음들이 모인다. 찢어지고 흔들리는 마음들을 담임교사 한 사람이 책임질 수 없다. 교육부와 각 교육청은 하루빨리 교육 복지사업을 확대해 교사와 학생을 비롯한 학교 전체를 지켜야 할 필요가 있다.

급식 노동자가 폐암에 걸릴 가능성이 높고 산업재해로 인정받은 사례 이후, 고용노동부에서는 급식 업무 10년 이상 종사자, 55세 이상 노동자는 폐 CT 검사를 받을 수 있는 제도를 마련하였다. 급식 노동자에 대한 노동권이 보장되듯이 학교 내 근무하는 다양한 직종과 비정규직, 계약직 종사자에 대한 복지도 해결되어야 한다. 경기도의 교육 복지사는 6년째 동결된 임금으로 버티고 있다. 한 명의 복지사가 학교 내에서 일어나는 모든 일을 해결할 수 없다.

또한 교육복지우선지원 대상 학교라면 지역 내 비영리기관과 유기적으로 협의할 수 있는 구조가 필요하다. 지역 내 교육네트워크를 구성해 학교에서 해결할 수 있는 교육복지우선지원 대상자를 연결하고, 공공기관 외 민간에서도 복지네트워크를 짜 나갈 수 있어야 한다. 위기 학생은 가정도 위기이고, 부모가 위기 요인일 가능성이 크다. 학교에서는 해결할 수 없는 일을 지역사회와 함께할 수 있는 수단이 필요하다.

　교사가 '교육'에 집중하고 싶다면 자기가 속한 제도에서 어떤 부분의 업무를 뜯어내야 하는지 살펴야 한다. 과학실을 관리하고 물품을 청소하기 위해 과학 교사가 된 것이 아니고, 체육관을 청소하기 위해 체육 교사가 된 게 아니라고 느낀다면, 이 사회의 온갖 부조리가 학교 안에 숨어 있다는 것을 명확하게 바라볼 수 있어야 한다. 교사에게 온갖 잡무를 떠넘기기 위해 애쓰는 관리자가 있다면 그 관리자가 무엇을 잘못 알고 있는지 말할 수 있어야 한다. 교사를 비롯한 학교 내 교육 종사자가 연대 의식을 갖고 노동 인권을 지킬 수 있어야 한다. 나의 노동 인권을 주장하는 것이 껄끄럽다면 나보다 약한 사람들의 노동 인권을 위해 대신 싸워 주는 것이 연대의 시작일 수 있다.

학
교
가

울
고

있
다

행정기관으로서의
학교

　　　　　　　학교를 드나들며 활동한 지 10년이 되었다.
그동안 많은 공직자를 만났다. 교사와 교육지원청과의 교류
도 많아졌다. 맥주 한잔 기울여 본 사람은 있지만, 교사들과
사적인 교류는 거의 없다고 보는 게 맞다. 그들이 내게 적당
한 거리를 두고 있다는 걸 안다. 특히 지역 안에 있는 교사들
은 더욱 그렇다. 지역은 상당히 좁다. 언제, 어디서, 누가, 무엇
을 했는지 순식간에 알려진다. 지역에서 오피니언 리더라고
주목받는 순간 모든 행동은 SNS와 소문을 타고 퍼진다. 여
러 가지 이유로 나는 교사들이 내게 적당한 거리를 두는 것
에 서운한 마음이 없다.

학부모로, 시민사회단체 활동가로, 학교에서 필요한 교육을 제공하는 교육 서비스업자로 깨달은 것은 몇 가지 지표가 되었다.

초등학교의 경우 신학기 각 반 배치도를 보면 그 학교가 어떤 분위기로 운영되는지 거의 파악된다. 나이와 경력이 많은 고경력 교사들이 1~2학년에 포진해 있는 경우, 교무부장이 2학년 1반 담임인 경우는 어김없이 위계와 질서가 철저하다. 이런 학교에서 비민주적인 일은 종종 발생하기 쉽다. 초임 교사나 기간제교사는 대부분 5~6학년 담임을 맡는다. 초임이며 남교사라면 어김없이 고학년에 가 있다.

전임 학교에서 능력 있다고 소문이 났거나 점수가 좋은 교사가 나이마저 어리면 이 사람에게는 '일폭탄'이 쏟아진다. 선배 교사들은 젊은 후배에게 일감을 던져 주며 말한다.

"자기한테는 쉬운 일이잖아. 나는 영 어려워서."

과거에는 주로 경력 많고 권력을 가진 기득권이 부장교사를 자청했다면, 지금은 오히려 업무를 떠넘기기 위해 초임 교사에게 부장교사를 넘겨 버리는 경우도 생겼다. 사람들은 가끔 더욱 성실하고 열심히 악해진다.

다행스러운 건 교사들의 연령대별 분포는 시간이 지날수록 다양해졌다. 그만큼 소통이 잘되는 학교가 늘어나고 있다는 얘기다. 그 배경에 관리자의 변화가 있다. 경기도교육청의 경우 진보교육감이 등장하면서 교장 연수를 우선으로 진행했다. 학교민주주의를 실천하기 위해 가장 편리한 것은 교장이 바뀌는 것이라고 한다. 교장들은 강당에 거의 갇힌 채 학교민주주의에 대해 학습했다. 가장 비민주적인 방식으로 민주주의를 재학습했다. 교장실을 개방하고, 전화를 직접 받고, 아이들에게 사탕을 나눠 주는 사람이 되었다. 초등학교 저학년인 경우 인자한 교장선생님에게 놀러 가는 것을 좋아하는 아이들도 생겼다. 최근에는 학교에 공간 혁신이 들어오면서 교장실을 허브 역할을 하는 공간으로 꾸미려는 교장까지 생겼다.

교장공모제가 생기면서 직접 사업계획서를 쓰는 교장도 있다. 여기저기서 여러 가지 사업을 따 오는 교장도 있다. 교육청이나 교육부의 사업 공모 현황을 들여다보고 예산이 있는 사업을 정리해서 교사들에게 분담시킨다. 이런 성과주의 교장이 부임한 경우 교사들은 처음에야 열정을 다하지만 결과적으로는 과중한 업무에 시달린다.

그동안 혁신교육이나 민주시민교육에 앞장섰던 교사들을 많이 만났다. 처음 4, 5년 정도는 미친 듯이 달리다가 어느 순간 연락이 딱 끊어진다. 허심탄회하게 이야기를 나누게 되는 경우에는 "나 이제 다 안 할라고요"라며 씁쓸하게 말한다.

전국에 흩어져 있는 모범 교사들과 인터뷰를 진행했을 때는 비통한 생각이 많이 들었다. 처음에는 성과를 내니 돕던 교사들도 자기 삶의 균형이 깨지는 것을 깨닫고 하나둘씩 몸을 사렸다. 결국 처음 제안했던 교사만 남아 서류를 정리한다. 그래도 시작한 일이니, 공교육 회복을 위해 등등 각종 명분을 들어 길을 개척한 교사들은 혼자 남았다.

누군가는 기피하는 학폭 업무, 교무부장, 돌봄교사 채용을 떠맡거나 또는 그 업무를 떠맡는 조건으로 권한을 받는 교사도 있다. 수년 동안 그리 살다 보면 동료 사이에서 섬이 된다. "뭘 그렇게 애써"라는 말이 비수가 되어 꽂힌다. 혼자 남은 교무실에서 전기를 아끼겠다고 자기 책상 위에 형광등 하나 켜 놓고 앉아 있다가 울음이 터지더라는 이야기에 마음이 아팠다.

자녀가 학교에 적응하지 못한다고 내게 대안학교 추천을 부탁한 교사가 여러 명이다. 수행 능력이 뛰어난 학생을 데리고 대외 행사에 나가 상을 받지만, 정작 교사의 자녀는 집에서 치킨을 시켜 먹으며 부모를 기다리고 있다. 대안학교에 자녀를 보냈다가 대안학교 운동에 몰입하게 되는 교사도 있다.

학교에서는 답답하지만 학부모일 때라도 숨통이 트이는 모양이다.

이처럼 주도적으로 교육운동을 해 보고 싶었던 사람들은 정작 자기 근무지에서는 날개가 꺾여 있다. 성장하는 아이들을 보며 위로받고, 교육자라는 자긍심으로 매달렸으나 조직은 이들을 가만히 두지 않는다. 교사는 공무원이며 정부기관에 속해 있다. 그 한계를 돌파할 수 있는 틈은 민주적이며 책임질 수 있는 관리자가 등장할 때만 가능했다. 그런 관리자와 평생을 함께할 수도 없는 노릇이다.

외부 강사로 학교에 나갔을 때 담당 교사가 나를 부르기 위해 행정실을 비롯한 학교 조직으로부터 힐난을 받은 것도 알고 있다.

"아이들에게 부모와 교사가 아닌 다른 어른을 만나게 해 주는 것은 큰 의미가 있어요. 아이들은 끊임없이 새로운 세상을 만나야 하고, 그게 교육이 해야 하는 일이라고 생각해요. 그런데 학교에서는 그게 어렵거든요. 선생님 같은 분이 우리 아이들을 만나 주시면 정말 감사하죠."

이들은 낮게 책정된 강사비 때문에 늘 난처해 했다.

"저희가 시간당 3만 원밖에 안 되는데요."

"선생님, 제가 그냥 일개 강사면 그렇게 나갈 수도 있어요. 지역이고 봉사 차원이라고 볼 수도 있으니까요. 그런데 제가 그렇게 출강하면 다들 그게 당연한 줄 알아요. 저는 저희 지역의 강사비를 시간당 5만 원으로 책정해 시작했고, 1회 출강 시 2차시 연강으로 해서 한 번 나가면 무조건 10만 원은 챙겨 가게끔 정리해 뒀어요. 그래서 그렇게는 어렵습니다. 제가 대표 자격이기 때문에 안 돼요."

내 대답을 들은 교사는 행정실과 교감 사이를 오가며 강사비 책정을 높여 보려고 애썼다. 왜 교사가 그런 일을 해야 할까. 도대체 행정실에서는 왜 그런 기준을 정했느냐고 물어보면 방과후 강사 비용이 시간당 3만 원이기 때문이라는 답이 돌아왔다.

수년에 걸쳐 시간당 3만 원의 책정 기준이 어디서 시작됐는지 관찰했다. 학교에 처음 진입했던 방과후수업은 수혜자 기준 1인당 3만 원으로 책정되어 강사가 모두 가져가는 구조를 가진 곳이 많았다. 학생이 3만 원에 재료비 1만 5천 원짜리 방과후수업을 신청하면 스쿨뱅킹을 통해 4만 5천 원이 빠져나간다. 이 비용이 고스란히 강사에게 전달된다. 학교는 장소만 빌려주는 것이다. 재료비는 강사에게 주어지는 비용이 아니므로 제하고 1인당 3만 원이 강사에게 주어지는 비용이다. 방과후수업 1개 반이 10명이면 30만 원이 되고, 12명이면 36만 원이 된다. 이 비용을 10회 강의로 나누면 강사는 1개 강의에서 3만 원이나 3만 6천 원의 강사 수당을 갖게 된다.

학교 행정 측에서 생각한 것은 '방과후 강사가 이 학교만 수업하지 않는다'는 기준이었다. 그들은 1명의 방과후 강사가 주 5일 다른 학교를 다니며 방과후수업 1개 이상씩 한다고 가정했다. 강사가 매일 1개 이상의 강좌를 한다고 치자. 매일 3만 원씩 5번의 수업이 가능하면 일주일에 15만 원이 되는데, 그들은 넘겨짚어 한 학교에서 2개의 수업을 돌리기도 한다는 것이다. 과연 그런가?

내가 학교 현장에서 들었던 얘기는 '어떤 방과후 강사는 한 달에 천만 원도 번다더라'는 것이었다. 과연 그게 가능할까? 업체가 전혀 개입하지 않고 학생들이 낸 비용을 고스란히 방과후 강사가 가져간다고 생각해서 최대치로 추산해 보라. 1개 학급의 최대 수용은 30명이고 아이들이 7, 8시까지 방과후에 참여하지 않는다. 초등학교의 경우 최대 2시간이다. 중학교 이상의 방과후수업은 몇 개 되지도 않는다.

설령 방과후 강사가 개인적으로 한 달에 천만 원을 번들, 그게 학교와 무슨 상관인가? 방과후 강사가 한 달 수익이 천만 원이 되면 부정한 수익이라 '우리라도 제재해야 한다'는 생각이 전제에 깔린 것은 아닌지 의심했다.

방과후수업이 자리를 잡으면서 업체가 개입하기 시작했고, 업체는 학교와 계약하고 방과후 강사를 배치하는 형태로 진입했다. 업체 중 상당수는 교육공직자 출신이다. 교장 출신이 운영하기도 한다. 학교의 생리를 잘 알고 행정을 다룰 줄 알아야 학교를 시장 삼아 진입이 가능하다. 시간당 3만 원으로는 아무리 해도 수익을 낼 수 없다. 이들이 벌어 가는 것은 인건비다.

시간당 3만 원의 출처는 방과후수업이었으나 일반적인 방과후 강사가 벌어 가는 자기 소득은 월 200만 원이 안 된다. 그 안에 교통비나 품위유지비도 모두 포함된다.

내가 처음에 학교에 출강하기 시작하며 지역교육네트워크를 꾸릴 때 들었던 얘기 중에 가장 기가 막혔던 것은 식생활교육 강사의 인건비였다.

"얼마라고요?"

"시간당 2만 5천원요."

"재료비는?"

"저희가 가져가요."

"학교에서는요?"

"이거는 저희가 좋은 먹거리를 홍보하기 위해서 하는 거니까. 재료비 주는 데도 있고, 급식실에서 따로 마련해 주시는 경우도 있고, 아니면 저희가 필요한 건 사 가고……."

"재료가 있다는 건 요리도 한다는 얘기네요?"

"하죠. 형편에 따라 다른데 해서 아이들이 맛보기도 하고, 같이 만들어 볼 수 있으면 만들어 보기도 하고."

"그럼 그릇은?"

"저희가 가져가요. 제가 차가 있어서."

"냄비랑 솥이랑 뭐 이런 거 전부 다요?"

"네."

"준비도 다 해 가는데 시간당 2만 5천원?"

"준비해 가는 건 괜찮아요. 문제는 요리실이 없는 데서 하는 경우가 많다 보니 학교에서 설거지를 못해요. 그래서 저희가 가지고 나오는 데도 있고. 음식물 쓰레기도 저희가 봉투 가져가서 다 가지고 나와요."

"가서 음식하고 교육하고 설거지하고 쓰레기 치우고 시간당 2만 5천원이라고요? 그러면 두 시간 연속으로 하세요?"

"그런 데도 있고 아닌 데도 있고."

"왜 하세요?"

"좋아서 하는 거죠. 돈 벌려고 하는 거 아녜요."

공직자와 시민사회단체 사람들이 세상을 보는 시각은 정반대에 서 있을지언정 유일하게 잘 통하는 부분이 바로 인건비에 대한 것이라 본다. 급여를 받는 사람이나 공익 활동을 위해 자기 삶의 일부분을 내주는 데 익숙한 사람은 인건비와 이윤의 차이점에 대해 정확히 파악하고 있지 않다.

기업에서 또는 장사를 할 때라도 인건비는 재료비에 속한다. 국세청에서 인정하는 재료비다. 재료비는 이윤을 창출하기 위한 바탕이 된다. 학교에 출강하는 외부 강사가 받는 비용은 인건비에도 못 미친다. 한 사람이 식생활교육을 준비하면서 그에 투자한 시간을 생각해 보자. 교안을 짜고, 주제를 설정하고, 재료를 측정해 매뉴얼을 만들고, 재료를 구입하고, 이동을 해서 수업을 하고, 설거지하고 쓰레기 치우고, 결과 보고서를 쓰는 시간을 모두 통틀어야 한다. 10시간이라고 치면 2022년 기준 시간당 9,160원인 경우 9만 원이 넘어가야 옳다. 최저시급은 절대 적정 시급이 아니지만 대다수의 공직자는 그것이 적정 시급이라 생각하고 예산을 구성한다. 한 번 출강에 그들이 드는 소요 비용과 그 과정을 준비하기 위해 숙련한 수만 시간은 모두 생략하고 방과후 강사 시간당 3

만 원을 철칙처럼 준수한다.

그래서 내가 시간당 5만 원을 말했을 때 어떤 학교에서는 나를 비롯한 우리 교육네트워크 강사들의 비용이 지나치게 비싸다며 "금테 두른 강사 부르냐"고 교사를 윽박지르기도 했다. 물론 우리 지역은 나와 장학사가 결의해 시간당 5만 원으로 책정한 것이 수년에 걸쳐 갖은 욕을 먹으며 자리 잡았다. 그리고 지금은 동일한 교안으로 출강하는 것에 한해 시간당 6만 5천 원으로 인상했고, 그 외 특강은 교육청과 행정기관 강사비 기준에 의거해서 정확하게 책정한다. 지금 우리 강사들은 특강의 경우 2급 기준의 강사비를 받는다. 초빙한 교사가 성의를 더 보일 경우 원고비를 추가로 책정하기도 한다.

방과후 동아리를 꾸리는 경우는 다르다. 연초에 매년 비슷한 강의를 해 왔던 사람들을 기준으로 하여 10년째 동결된 시간당 4만 원에 초빙한다. 나는 앞서 교사에게 말한 대로 시간당 4만 원짜리 강의는 출강하지 않으나 연속 8강 정도가 지속되는 동아리 수업의 경우 예외를 둔다. 이 예외는 고등학교에만 적용하고, 그 기준은 초빙을 요청하는 경우에 따라 다르다. 정성껏 동아리를 운영하고 싶은 태도와 열의를 보이는 교사들이 있다. 전문가를 모시고 싶은데 기준이 이렇게밖에 안되고, 자기가 내년에는 예산을 다시 잡아 보겠다고 대책까지 제시하는 경우다. 관내에 있는 학교에 한 해 몇 번 출강한 적이 있다.

1개 학년에 9개 반이 있는 중학교의 전 학년 특강을 맡은 적이 있다. 두 시간 연강으로 하여 9개 반을 모두 수업하려니 하루에 6시간 정도 연강을 해야 학교 일정에 맞출 수 있었다. 중학교 교사는 잘 알겠지만 1, 2학년 아이들과 6시간 연속 강의를 하는 일은 체력의 한계를 시험하는 시간이다. 하루 6시간 연강은 오전 4시간, 오후 2시간으로 구성되어야 하니 그 학교에서 점심을 먹을 수밖에 없다. 나를 초빙한 교사는 미술 교사와 국어 교사였다. 두 교사가 융합수업을 준비하다가 스토리텔링이 필요하다고 나를 불러 셋이 한 팀으로 창의적 체험활동에 준하는 수업을 구성한 것이다.

"선생님, 식사는 저희랑 같이 하세요"라는 말에 흔쾌히 응했다. 사실 그 학교는 먹자골목 사이에 있어서 밖에 나가 맛난 것도 사 먹고 커피도 한 잔 마시고 쉬다 올 요량이었는데 교사의 상냥한 제안을 거절하지 못했다. 밥을 같이 먹자고 한 교사와 급식실로 가는데 다른 과목 교사가 찾아와서 내게 말했다.

"저기 강사 선생님, 식대는 행정실에 내고 가시라는데요."

"네? 아, 그럴게요. 식대 얼마죠?"

내 옆에 서 있던 국어 교사가 얼굴이 시뻘게졌다.

"아니에요, 선생님! 제가 행정실에 얘기할게요. 내지 마세요!"

"괜찮습니다. 식대 얼마나 한다고……. 학교급식 세금으로 먹는 건데 당연히 돈 내야죠."

국어 교사는 울 듯한 표정이 되었다. 강사비도 터무니없이 적은 데다가 하루에 6시간 연강을 부탁했는데 식대를 내라고 한다니 행정실이 너무하다고 울먹거렸다. 내게 미안하다는 말을 수차례 해서 선생님이 미안해 하실 일은 아니라고 오히려 내가 그를 위로할 처지가 되었다.

국어 교사는 행정실에 가서 한바탕한 모양이었다.

"학교에 자원봉사 하러 오는 학부모도 그냥 드시고 간단 말이에요. 그 정도는 할 수 있잖아요. 그런데 그걸 안 해 준다는 거예요. 강사비가 나가는데 왜 식대까지 대냐고 지침에 어긋난대요. 선생님 저 너무 창피해요. 이런 거 너무 싫어요."

나는 교사가 행정실에서 모멸감을 겪고 왔겠다고 짐작했다. 이후에도 이런 일은 종종 있었다. 강사비 받는 외부자에게 절대 식대를 지불할 수 없다는 대쪽 같은 행정이 여러 사람에게 불쾌감을 주었지만, 나는 누구도 원망하고 싶지 않았다. 그게 행정이기 때문이다. 행정은 예외를 둘 수 없는 사정이 있다. 한쪽에 예외를 두면 다른 쪽에서는 부정부패가 일어날 수 있다. 지켜야 할 것이 분명히 있다.

그러나 지역과 학교의 상생, 마을교육공동체를 추구하는데 어디까지가 인정이고, 어디까지가 연대이며, 어디부터 행정이 개입해야 하는지에 대해서는 상호간의 충분한 합의가 이루어지지 않았다. 대다수 개인의 능력으로 헤쳐 나가게 되며, 개인과 개인 사이에 신뢰가 구축되었을 때와 그렇지 않았을 때의 차이는 극명하게 나뉜다.

코로나19 팬데믹에서의
학교

코로나19 팬데믹으로 인해 학교의 행정력이 강화되면서 많은 사람들에게 상처를 주었다. 주관적이고 감정적인 표현은 피하고 싶지만 결국 사람이 하는 일은 감정이 태도를 만들어 버릴 때도 있다. 다람쥐 쳇바퀴 도는 듯한 일이 제도로 자리를 잡으면 제아무리 건강하고 긍정적인 사람도 지치기 마련이다. 노력해도 바꿔 나갈 수 없다는 걸 깨닫는 순간 절망이 찾아온다.

전 국민에게 의무교육을 실시한 이후 처음으로 2020년에 개학 연기라는 초유의 사태가 발생했다. 밀리고 밀린 개학 일정에 각 가정마다 대책을 마련해야 했고, 그 누구도 경험해 보지 못한 일에 모두가 당황했다. 개학 연기가 발표되었을 때 나는 저학년 중심으로 우선 등교를 하게 될 것이라 예측했다. (내가 사는 곳은 경기도라 수도권 중심으로 생각하는 한계도 있다.) 다수의 부모가 맞벌이로 경제활동을 하는 데다가 저학년이 학교 제도에서 멀어졌을 때 감당해야 하는 후폭풍을 고려한다면 학교에서 우선 챙겨야 할 것은 저학년이라고 봤다. 아직 새로운 학교의 생활 습관이 제대로 자리 잡지 못했고, 고학년보다 돌봄이 우선되어야 하기 때문이다. 그러나 나의 예측은 보기 좋게 빗나갔다. 고학년 먼저 등교하게끔 지침이 내려왔다.

연기되고 또 연기되던 개학은 교육부에서 기습적으로 발표하며 이루어졌다. 나는 기습적으로 발표하는 이유도 이해하기 어려웠다. 금융실명제 같은 사회질서를 바로잡는 특단의 조치가 아니지 않은가. 학교를 비롯해 수많은 양육자와 학생은 준비가 필요하다. 그러나 교육부는 기습적 발표를 원칙으로 삼았다. 발표 직전 맘카페에서 유출되었다는 개학 속보가 웹자보로 돌기 시작하자 교육부 직원 중 누군가가 유출시킨 게 틀림없다며 이후에는 등교 지침이 더욱 철저히 비밀에 부쳐졌다.

오전 내내 교육부 장관이 노란 민방위복을 입고 나와 발표하기를 기다렸고, 그의 입을 통해 모든 일정이 재조정되었다. 언제 개학한다는 뉴스가 보도된 뒤에 나는 교육지원청의 민주시민교육 담당 장학사와 통화했다. 교육지원청에서도 사전에 정보를 전혀 받지 못한 듯했다. 장학사가 뉴스 보셨느냐 물으며 준비했던 민주시민교육의 학교 출강 절차를 상의해 왔을 때 기가 막혔다.

"아니, 장학사님도 뉴스 보고 아시는 거예요?"

"네, 저희도 사전에 정보를 전혀 얻을 수 없어요."

교육부는 교육 현장을 무엇으로 본 것일까.

학부모와 학생들도 교사와 학교가 교육부와 전혀 소통할 수 없는 구조라는 걸 알아차렸다. 학교는 교육부 장관이 지시하는 대로 따라가는 조직이 되었으며, 그러면서도 방역의 일선에 서야 한다고 강요받았다. 학교에 확진 학생이 발생하면 오프라인으로 구성했던 교안을 모두 뒤집어 온라인으로 전환했고, 학생 관리에 구멍이 생겨도 모두 교사가 책임져야 했다. 백신접종이 본격화되었을 때 교사들이 금요일에 접종하고 토요일과 일요일 백신 후유증을 견딘 다음에 월요일에 출근할 계획을 세우는 걸 보고 다시 한 번 한숨을 쉬었다.

2년 동안 코로나 시대의 교육은 어디로 갈 것인가에 관한 각계의 질문을 받았다. 나는 몇 편의 칼럼으로 교육이 나아갈 방향에 관해 바라는 바를 말했으나 일개 활동가의 전망과 방향 제시는 어디에도 내려앉지 못했다. 칼럼 한 편을 쓸 때마다 잘 아는 교사들에게 전화를 해서 의견을 물었다. 현장 활동가는 실무를 담당하는 사람들의 의견을 듣고 전달하는 역할이 중요하다. 내가 교육사상가도 아니고, 현장에서 매일 아이들을 만나는 것도 아니니 내가 제안할 수 있는 범위에는 한계가 있을 터였다. 그래서 같이 일해 본 교사 여러 명에게 전화를 걸어 의견을 구했다.

내가 동의했던 의견 중 첫 번째는 학급당 인원수를 줄이는 것이었다. 어차피 학생 수도 줄어들고 있고, 빈 교실이 각 학교마다 늘어나는 데도 도교육청에서는 인원수를 줄이는 데 동의해 주지 않았다. 전대미문의 감염병 사태를 현명하게 넘기려면 한 학급당 1명 이상의 담임교사가 필요하다고 봤으나 이 역시 아무 변화가 없었다.

보건교사에게 더 많은 실무가 주어졌으며, 학교는 통제에 급급했다. 정해진 인원으로 예전과 같이 '차질 없는 학교 수업'을 진행하기 위해서는 달리 방법이 없었다. 그 사이에서 교사 간 이전에 없던 위계가 새롭게 만들어지거나, 방역과 통제에 대한 주도권을 놓고 갈등도 빚어졌다.

애초 온라인 개학 방침이 발표되었을 때 나는 코웃음을 치는 입장이었다. 학교는 온라인으로 수업할 수 있는 준비를 갖추지 못했다. 경기도교육청의 경우 한글과컴퓨터에서 보급하는 한글 프로그램만 구입할 수 있어서 마이크로소프트의 소프트웨어는 학교에서 공식적으로 사용할 수 없었고, 교실에는 와이파이가 없었다. 아이들의 휴대폰은 등교 후 모두 걷는 게 보편적이었다. 학생인권조례에 의해 휴대폰 수거는 비인권적 행위라는 것을 모두 알고 있었지만 학생들도 휴대폰 수거에 다수 동의한 상태였다. 수업 중 미디어를 사용하는 것에 대한 거부감도 있었다. 학교뿐 아니라 관련된 청소년 기관의 컴퓨터실은 10년 전 기자재가 다수였다. 교사들은 USB도 잘 꽂히지 않는 낡은 컴퓨터로 업무를 처리하고 있었기 때문에 학교에서 대체 어떻게 온라인수업을 한다는 것인지 이해할 수 없었다.

온라인 개학에 실시간 쌍방향 교육을 해 달라는 학부모와 기관의 요청에 교사들은 하나둘씩 자기 돈으로 장비를 사들였다. 웹캠을 설치하고, 모니터를 하나 더 사면서 기기 작동에 능숙한 교사들은 어떻게든 수업을 만들어 나갔지만 그렇지 않은 교사들은 도태되는 기분을 느꼈다.

2022년 초에는 전국적으로 코로나19 감염이 급증하면서 학교도 걷잡을 수 없게 확진자가 늘어났다. 교사가 병가를 써야 하는 상황이 생기면서 교육청 홈페이지에는 기간제교사와 임시 강사를 구하는 구인 게시물이 넘쳐났다.

학교는 코로나19 이전부터 더 많은 교사와 행정사가 필요하다고 요구해 왔다. 코로나19 팬데믹은 어쩌면 교육계의 혁신을 이뤄 낼 수 있는 기회였으나 교육부와 교육청은 이 기회를 고스란히 날려 버렸다.

교사들은 무력감을 느꼈다. 교육부의 결정에 의해 신속하게 수업을 준비하고 학사일정을 뒤집어야 할 때마다 자기가 교육자인지 행정공무원인지 알 수 없다고 말했다. 이러한 과정을 겪으면서 우울감에 빠지는 교사도 늘어 갔다. 그러나 교사에 대한 정신 건강 치유나 상담 프로그램 또는 정당한 휴가는 보상되지 않았다.

교사는 학교에서 일해야 하는 비정규직 노동자를 채용하고 계약 종료를 통보하는 일을 맡기도 했다. 자신이 어디까지 일할 수 있는지 매번 시험대에 올랐다.

"사람 필요하다고 하면 사람은 잘 구해 줘요. 그런데 왜 계속 단기 비정규직만 집어넣느냐는 거죠. 그거 우리가 면접 보고 우리가 내보내야 해요. 그게 교육적인 활동은 아니잖아요. 학교라도 비정규직 좀 줄이면 안 돼요? 그건 학교에서 결정할 수 있는 사안이 아니에요. 다 예산 문제만 얘기하는 거예요. 돈이 없다고. 그러면 도대체 뭘 할 수 있냐고 우리는."

최전선의
배제와 차별

      2020년 학교의 일부 등교 개학을 결정하면서 교육부 장관은 '방역의 최전선'이 되어 달라고 말했다. 어불성설이다. 방역은 과학적 기술이 필요하며, 전문가의 분석에 따른 세부적 지침이 있어야 한다. 학교에 부족한 방역 인원을 보충하고자 방과후 강사들이 방역 관리자로 일시 취업할 수 있도록 '배려'한다고 발표했다. 방과후 강사는 학교의 허드렛일을 하는 사람이 아니다. 학교 수업은 진행하고 방과후수업은 폐쇄하는 것에 대한 합리적이고 타당한 근거는 없다. 이는 학교의 정규직 외 다른 사람들은 '외부인'이라고 규정하는 사고에서 비롯되었다.

팬데믹이 시작된 2020년에도 지역의 민주시민교육은 계속되었다. 교육지원청과의 협력사업이기 때문에 학교에서는 불가피한 경우에만 교육을 취소했고 대다수 일정을 조정해서 등교 기간 중 또는 온라인으로라도 수업을 진행했다. 경기도교육청에서 주관하는 꿈의학교도 사업 수행자가 운영 취소를 결정하지 않는 이상 온라인으로 전환해 진행했다. 정규수업 외의 활동 중 취소된 것은 동아리와 방과후수업이다. 같은 학교에서 진행되는 일인데 왜 이런 일이 발생했을까?

팬데믹 기간 중 학교에 외부인인 민주시민교육 강사가 출강하려면 학교마다 각기 다른 지침을 따라야 했다. 어떤 학교는 강사가 자율적으로 주의하리라 믿어 주었다. 강사 역시 확진자가 되면 당장 생계에 문제가 생길 수 있기 때문에 그 누구보다 주의하며 지냈다. 지역교육네트워크에 소속된 강사 중 2년 동안 외부에서 술이나 밥을 먹지 않은 사람도 있다. 방역에 대해서는 돌아다니며 일을 해야 하는 사람이 가장 조심하기 마련이다. 어떤 학교는 PCR 검사를 요구하기도 했고, 백신접종 이후에는 백신접종 증명서를 요구하기도 했다. 어떤 학교는 출강 전 일주일 동안의 체온 측정을 기록해서 제출해 달라고 했다. 철저히 외부인으로 규정한 결과다.

2021년에는 학교가 아닌 사회복지시설도 선제 검사를 요구하기도 했다. 노인복지관에 출강할 때는 일주일에 1회 이상 PCR 검사를 하고 결과지를 가지고 복지관에 갈 때도 있었다. 각 기관에서 예민하게 외부인 출입을 검열하는 것은 보편적일이 되었다.

　가장 황당했던 사례는 강사가 학교에 도착해 격리된 공간에서 수업을 진행하라는 것이었다. 학생들과 교사는 교실에 있다고 했다. 온라인수업도 아니었다. 이 학교는 학교 전체 인원도 적은 데다가 각 반의 학생 수도 25명 미만이어서 전면 등교를 실시하고 있었다. 그런데도 강사는 별도의 격리된 공간에서 수업을 진행하라는 것은 외부인과의 접촉을 전면 차단하겠다는 의지였다. 이 역시도 불가능한 것이 출강을 한 강사는 담당 교사에게 자필 서명으로 강의 확인을 받게 되어 있어 교사와 강사의 접촉을 막을 길은 없었다. 자필 서명이 아닌 온라인 확인증이라면 출강 여부 확인에 관한 증빙이 가능하겠으나 아직 우리나라는 그 정도까지 상호간의 신뢰가 돈독하진 않다. 이 학교에 출강한 강사는 다른 건 다 이해하더라도 아이들과의 교감과 소통이 잘 안되어 수업 진행이 어려웠다고만 했다.

나는 강사진의 대표자로 상당히 불쾌했다. 팬데믹 기간 중 일본의 어떤 학교에서 학생들은 교실에 있고 교사만 외부에 있다고 하여 누리꾼의 조롱감이 되기도 했는데 가까운 곳에서 현실로 나타났다. 이 방침은 관리자의 결정이었고 강사는 학생들과 접촉하지 않기 위해 별도 공간에서 수업을 해야 한다는 말을 전달하는 것은 교사의 몫이 되었다. 교사들이 앞장서서 차별과 배제를 전달해야 하는 것에 대한 문제는 관리자가 책임지지 않았다.

한 학교는 학사일정 중 하루를 꼽아 그날 모든 강사가 일괄적으로 출강해 주길 바랐다. 지역교육네트워크의 강사들은 모두 프리랜서이기 때문에 일정을 일괄적으로 맞추기 어렵다. 한날에 모두 출강하는 게 어렵다고 전달하려면 교사에게 이유를 설명하고 설득해야 하지만 이 학교의 담당 교사는 완강했다. 게다가 출강할 학급의 담임교사와 부장교사 사이에서 출강 일정을 놓고 옥신각신하느라 강사단이 각 교사에게 따로 통보하고 취합하는 일도 있었다. 그러니까, 같은 학교 내에 있는 사람들끼리 업무에 관한 공유를 전혀 안 하고 있다는 얘기였다. 일정 변경을 통보받지 못해 학교에 갔다가 되돌아오는 일도 있었다. 프리랜서 강사의 삶을 이해하지 않는 학교와 교사에게 설명하고 설득하는 과정도 무의미했다. 애초에 이해할 생각이 있었다면 그런 결례를 범하지 않았을 것이다.

팬데믹의 한가운데서 여러 명의 교사를 만날 일이 있었다. 사회정의에 대한 이야기를 나누다가 학교 안의 여러 비정규직에 대해 고민해 보길 권했다. 몇몇 교사가 내 제안을 듣고 꽤 충격을 받았다고 고백해 왔다.

"저는 학교 내 비정규직이 그렇게 많은지 생각해 본 적이 없어요. 그걸 고민해 본 적 없다는 제 자신에게 놀랐어요. 정말 충격받았습니다. 생각해 보니 지킴이 아저씨나 조리사 선생님들 정도만 생각했지 학교에 그렇게 많은 사람이 드나드는 줄 몰랐습니다."

"학교를 드나드는 사람들은 모두 출입명부를 작성하고 있어요. 그 명부만 보셔도 학교에 얼마나 많은 사람들이 관계되어 있는지 금방 파악하실 수 있을 거예요."

교사들은 이 명부가 놀라운 발견이었다고 말했다. 학교에 드나드는 사람들이 모두 개인정보를 적고, 출입에 관한 보고를 하면서 드나드는지 몰랐다고 했다. 학교에는 식자재 공급상, 학교 교구재 공급상, 전기나 기계를 수리하는 사람 등 거래관계에 있는 사람뿐 아니라 정기적으로 학교에서 일을 하는 사람, 비정기적으로 출강하는 외부 강사까지 하루에 많게는 20여 명의 사람들이 드나든다. 오후에 학교에 출강하는 경우 위에 드나든 사람들의 방문 목적을 쓱 보게 된다. 학교에 봉사하러 오는 학부모부터 정말 많은 사람들이 드나든다. 교사는 이들이 명부를 적고 입장하는 것이 방역과 안전을 위해 어쩔 수 없는 일이지만 차별의 한 갈래라고 봤다.

공교육기관인 학교에 출강하기 시작한 것은 2013년부터다. 관할 지역 교육지원청이 주관하는 사업으로 출강하다 보니 학교 측이 강사진에 대해 적당한 신뢰가 있었다. 사전에 전화 통화로 수업에 관한 논의를 하고, 되도록 수업 시간 20여 분 전에는 도착한다. 미리 도착해 주차장에서 시간을 보내다 10분 전에 교실로 올라간다. 2019년 이전에는 외부 강사에게 휴식 공간을 안내하지 않았다. 우리는 대부분 복도나 계단, 주차장, 심지어는 눈에 띄지 않기 위해 화장실에서 기다렸다가 교실로 향했다. 주로 2차시를 연속으로 진행하다 보니 시간이 지나면서 장학사와 교사들이 외부 강사에게도 쉴 공간이 필요하다고 판단해 지금은 많은 학교에서 휴식 공간을 안내해 준다. 때로는 커피나 물, 간식까지 챙겨 주는 교사도 있다.

외부인을 대하는 학교의 태도는 어떻게 해석할 수 있나. 자기 생활의 여유가 있어야 타인에 대한 환대가 가능하다. 업무가 과다하고 내부 소통이 잘 안되는 경우 외부자에 대한 배려가 자리 잡을 틈은 없다. 게다가 학교 내부에서 외부 강사를 불러오는 교사를 어떻게 바라보느냐도 다르다. '괜히 일 만드는 선생'으로 낙인찍히는 교사도 있고, "외부 강사가 뭐 그렇게 대단해서"라는 시선이나 "외부 강사는 모두 자원봉사 아니냐"는 편견까지 다양한 스펙트럼의 배제와 차별이 존재한다.

많은 전문가가 학교는 마을과 만나 마을교육공동체를 만들어야 한다고 주장해 온 게 10년이 넘었다. 그렇다면 그 이유는 뭘까? 학교는 마을교육공동체에 관해 정말 동의하고 있는 것일까? 팬데믹을 지나오면서 다들 우리 사회의 '민낯'을 보는 계기가 되었다고 한다. 학교도 마을도 주도적인 방역 체계와 안전한 사회를 만드는 데는 완전히 실패한 셈이다. 우리의 공동체는 상당히 얄팍한 것이어서 2년의 팬데믹 동안 아무것도 할 수 없는 무력한 존재로 남았다.

마을교육공동체는
이제 사회의 요구

　　　　　1989년 전교조 운동이 본격적으로 외부에 알려지고 많은 교사가 강제로 해직을 당했다. 한국 교육사의 변혁을 가져온 전교조 운동 이후 학교는 차츰 민주적 교육공동체를 만들어 왔다. 1990년대 들어 사교육 시장이 본격적으로 활성화되었고 보편적인 일이 되었다. 학교에서 실행하는 평가에서 우수한 점수를 받기 위해 사교육은 해를 거듭하면서 진화했는데, 이제는 학교 공부를 뒷받침하는 게 아니라 학교 공부를 앞질러 간다. 2000년대 이후 자율형사립고와 특수목적고로 학교 순위가 매겨지면서 사교육은 더욱 굳건히 자리를 잡았다.

나 역시 학부모로서 사교육의 메카인 도시에 산다. 아이가 중학교에 입학할 때 학원가에 있는 학원을 알아보는 게 정말 어려웠다. 주변에서는 고등학생이 되면 어차피 학원가에 있는 학원을 갈 수밖에 없으니 미리 보내는 게 낫다고, 동네에서 버티다가 후회했다는 얘기를 했다. 몇 개의 학원을 돌며 나는 훈계를 들었다.

"선행이 하나도 안되어 있네요. 이래 가지고는 어려워요. 고1 들어가기 전에 고1 선행 모두 끝내야 하고요, 2학년 1학기까지는 두 바퀴는 돌아야 해요."

"두 바퀴라는 건 1학년 1학기 과정부터 3학년 과정까지 두 번 반복한다는 말씀인가요?"

"네, 맞아요. 그렇게 해야 고3을 준비하죠."

내가 고3일 때와 별다른 게 없는 상황이었다.

"그게 그러니까 수능 때문에 그렇게 말씀하시는 거죠? 고3 때는 수능에 몰빵해야 된다, 그 말씀이죠?"

"그렇죠."

"그런데 선생님, 왜 그렇게 해야 하죠? 제가 수능 첫 세대라 무슨 말씀이신 줄 알겠는데요……."

학원 선생은 내 가방에 달린 정의당 배지와 세월호 리본을 유심히 보며 말했다.

"다 자사고 때문이에요, 어머님. 자사고 애들이 다 그렇게 하고 입학을 해요. 고등학교 2학년까지 선행을 못하면 자사고 입학 자체가 불가능한 셈이고요. 자사고 애들이 2학년까지 모든 과정을 마치는데 우리 아이 어때요? 자사고 애들하고 비교했을 때 시작부터 뒤처졌는데 고등학교 과정에서도 뒤처지면 안 되겠죠?"

몇 개 학원 강사들의 이야기를 종합해 보면 나는 아이에게 무관심해서 방치한 무책임한 부모였다. "이렇게 머리 좋은 아이를 미리미리 준비 안 시켜서." 이 역시 학원계에서는 뻔뻔하게 쓰는 수사였다. 내가 학원 강사를 할 때도 써먹던 멘트다.

그러나 사교육이 그간 내 아이에게 해 왔던 공로를 무시할 수 없다. 사교육은 학부모가 긴급할 때 어린아이들을 맡아 주고, 생일 파티를 열어 주고, 공동체의식을 함양시켰으며, 심지어 학교 앞의 교통안전까지 도맡았다. 내 아이가 다녔던 태권도 학원은 이 모든 것을 해냈다.

학교의 전기세가 감면 혜택을 받지 못해 각 학교마다 전기를 아끼느라 난리가 났던 시절이 있었다. 한여름 더위에 찜통 교실을 감당할 수 없어 학교는 고육지책으로 블록수업을 실시했고, 아이들이 갑작스럽게 일찍 하교하게 되었다. 직장을 다니는 학부모는 급하게 도우미를 구하거나 조부모에게 손을 내밀었다. 이때 신속하게 대처한 것이 학교 앞 태권도와 미술학원, 음악학원 등 사교육기관이다. 학교장 재량으로 봄방학이 없어지고 봄과 가을에 일주일짜리 단기방학이 생겼을 때도 마찬가지였다. 태권도에서는 프로그램을 기획하고 점심까지 제공했다. 물론 비용은 받았다. 학교가 급박하게 정책과 지침을 바꿀 때마다 학부모의 손을 잡아 준 것은 모두 사교육이었다. 학교 앞의 사교육기관은 교육기관이면서 보육의 역할도 같이 하고 있다.

2000년대 이후 학부모는 사교육 없이 애를 키울 수 없다고 한다. 보육도 공교육에 끼워 넣었으나 이 나라의 허술한 공교육은 그저 욱여넣는 방식이다. 현장의 목소리는 결정권자에게 들어가지 않는다. 정책은 대체로 상부에서 정해지고 하향식으로 하달된다.

순서대로 보면 이렇다. 학교에서는 교육뿐 아니라 인성교육을 실시해야 한다며 밥 먹이라 하더니 방과후를 책임지라 하고, 돌봄과 방역까지 학교에 떠넘겼다. 교사는 돌봄과 급식에 대한 관리를 맡았고, 새로운 일로 채용해야 하는 단기 계약직의 고용과 해고까지 맡았다. 그 시기 지방자치단체는 학교에 돈을 대는 형식으로 교육 지원을 해 왔다.

교육은 한 아이가 성인으로 성장하는 모든 단계를 포괄적으로 책임진다. 가정에서도 해내지 못하는 일을 지방정부가 돈을 대고 학교에서 모든 것을 흡수하고 수렴해 왔다. 과연 이 방법이 옳았는가 되묻고 싶다. 그 외에 다른 방법은 없었을까. 지방정부는 예산을 대면 그것으로 소임을 다한 것인가.

2008~9년을 기점으로 각 지역의 혁신교육이 시작되며 교사의 체질 개선, 학교 혁신이 시작되었다. 이 역시 학교의 몫이었다. 마을교육공동체를 지향한다고 하지만 실질적으로 잘 운영되지 않았다. 학교는 자신의 영역을 쉽게 내놓지 않았다. 코로나19 팬데믹을 떠올려 보면 쉽게 이해할 수 있다.

마을교육공동체는 방과후의 문제, 즉 학교가 문을 닫는 시간에 우리 아이들을 마을에서 책임지자는 의도로 꾸려졌다. 꽤 많은 시도가 있었고, 소규모 공동체가 원활하게 움직이지만 마을교육공동체는 대체로 예산과 정책에 기대기 시작한 지 오래다. 코로나19 팬데믹에 돈줄을 쥔 공기관이 폐쇄를 결정하자 마을교육공동체도 작동하지 않았다. 마을교육공동체를 표방한 집단은 무엇을 위한 공동체를 꾸려 왔던 것일까.

각자도생과 경쟁이 일상화되기 직전, 그러니까 신자유주의라는 새로운 체제가 우리의 삶을 바꿔 낼 것이라는 게 가시화되던 때, 자율적으로 운영하는 교육공동체가 여러 곳에서 피어났다. 공동육아를 시작으로 대안교육을 찾던 사람들이었다. 이들이 만들어 둔 교육공동체를 모델 삼아 각지에서 정책으로 만들어졌다. 교육뿐 아니라 공동체를 지원하는 사업이 많아졌고, 경기도와 서울을 시작으로 소규모 모임 활성화도 뿌리내렸다. 경기도의 경우 학부모회 운영 조례를 만들어 학부모의 자치활동을 돕기도 했다.

  정부가 민간사업을 가져가서 정책화하는 경우 일단 숫자놀음이 시작된다. 공동체의 개수를 늘리기 위해 예산을 쪼개고, 사업을 하기는 어려우나 꾸역꾸역 모임은 이어 나갈 수 있을 정도의 예산이 하달된다. 예산 쪼개기는 비단 공동체 사업뿐 아니라 대다수의 정책사업에서 나타나는 현상이다. 예산을 잘게 쪼개 더 넓은 곳에 혜택을 주겠다는 의도는 결과적으로 공동체를 고사시켰다. 사업은 간신히 할 수 있으나 사업을 진행하기 위한 인건비는 주어지지 않는다. 세 사람이 해야 할 일을 한 사람이 해야 하고, 대부분 6월부터 10월, 즉 4개월간 모든 일정을 마무리해야 한다. 예산은 전년도에 정하지만 공공기관에서는 2월에서 4월 사이 공개 모집 공고를 내고, 4월에서 5월 사이 선정한 뒤, 5월이나 6월에 예산을 배분한다. 그러면 사업을 받은 공동체와 단체는 6월부터 본격적으로 사업을 시작해 뜨거운 여름 휴가철을 피한 뒤 9월과 10월에 집중적으로 행사를 해치운다. 일을 맡은 사람은 단기간에 일 년짜리 사업을 해내야 하며 시간과 에너지 배분에 실패한다. 3, 4년 동안 이런 일정을 지속하면 '왜 이런 일을 해야 하는지' 회의감에 휩싸인다. 마을교육공동체는 사람에게 의존하는 시스템으로 변질되고, 업무 역량이 좋은 사람에게 일이 몰리다가 결국 그가 지쳐 떨어져 나가면 그만두게 되는 것이다. 혁신학교가 굴러가는 구조와 같다.

　정부의 공동체 지원은 그 시작은 좋았으나 과정이 기이하게 뒤틀어졌다. 뭐가 되었든 간에 정부로 넘어가면 엉망이 된다는 것은 행정 시스템이 가지고 있는 문제점 때문이다. 촛불집회 이후 시민들은 자신의 정치적 효능감을 체감했고, 광장에 나가 외쳐도 평화롭게 원하는 것을 얻어 내는 경험을 했다. 성공의 기억은 매우 중요하다. 다음에도 비슷한 일이 생기면 잘 해낼 수 있겠다는 확신은 개인의 목소리를 높이는 데 결정적인 역할을 한다.
　시민의 자발성은 곧 정치력의 표현으로 발전했다. 누구나 정치적 목소리를 낼 수 있는 세상이 된 것이다. 문제는 시민이 숙의와 합의를 마쳐야 그다음 의사결정이 되어야 한다는 것을 이해하기 직전 단계라는 것이다. 지금의 시민은 자기 이익을 위해 개인이 보유한 모든 정치력을 총동원하는 모양새를 보인다. 시청이나 구청, 주민센터에는 하루에도 수십 통의 민원전화가 쏟아진다. 교육청이나 교육지원청, 학교도 마찬가지다. 시민은 자신이 가질 수 있는 권한이 무엇인지 더욱 명료하게 이해하고 있다.

아이가 다니던 초등학교에서 학교폭력이 발생했을 때의 일이다. 피해자의 학부모는 학교를 믿을 수 없다며 주변의 학부모에게 유사한 사례를 수집했고, 이를 정리해 바로 도의회를 찾아 해당 상임위원회의 도의원을 만났다. 시민은 이제 어디를 공략하고, 어떻게 문제를 해결해야 하는지 잘 안다. 시민이 자기 피해를 최소화하기 위해 공공을 공략하는 기법은 더 이상 믿을 만한 공동체가 없다는 증명이다. 대화와 협상을 통해 원하는 것을 얻어 낼 수 없다는 확신, 그래서 상처가 깊어지더라는 경험, 나의 피해를 증명하고 보상을 받아 내기 위한 방법론은 각종 커뮤니티를 통해 전수된다.

교육지원청이나 학교가 믿을 만한 공동체가 있었다면 교

사나 장학사가 자가진단키트를 뜯느라 다른 업무를 제쳐 두지 않아도 되었을 것이다. 2022년 3월, 안 그래도 각종 업무가 쏟아지는 터에 키트 소분까지 주어졌다니 기가 막혔다. 교육지원청과 협의할 일이 있는데도 전화 통화를 미루거나 기다릴 수밖에 없었다. 교육기관에 종사하는 공직자의 목소리는 지친 기색이 역력했다.

첫 개학 연기 소식이 맘카페를 통해 사전에 알려졌다는 이유로 교육부가 그후 어떤 정보 공개도 사전에 하지 않고 기자회견을 통해 기습 발표하면서 불신은 더욱 커졌다. 나는 이 문제가 교육계의 신뢰를 송두리째 무너뜨리는 계기였다고 본다. 개학 연기 소식이 사전에 알려지는 게 그렇게 큰 문제가 되는가? 전염병의 창궐이 준전시 상태였다고 하지만 적군에게 개학 일정을 알려서는 안 되는 타당한 이유가 있었던 것인가?

각자의 꿈

나는 수년째 강사를 양성해 초중고등학교에 출강하도록 돕는 일을 하고 있다. 2015년부터 본격적으로 시작한 활동을 받아들여 준 교육지원청과 교육청의 개방 덕분이다. 그러다 보니 매년 수백여 명의 학생을 만났고, 각 학교의 특성도 파악하게 되었다.

학교는 비슷한 곳은 있어도 똑같은 곳은 없다. 예를 들어, 학교에 출강했을 때 일찍 가서 관리자에게 깍듯하게 인사를 해야 하는 곳이 있고, 이런 절차를 무시하는 곳이 있다. 혁신 교육이 자리를 잡으며 많은 교장이 권위 의식을 내려놓았다고 하지만 모두가 그런 것은 아니다. 교사 중 승진을 염두에

두거나 위계 의식이 확실한 사람이 있기 마련이라 알아서 의전을 챙기는 경우도 있다. 그 외에도 승진이나 가점 따위 감안하지 않고 그저 열정적인 교사도 있다. 자기가 하는 일이 재미있어서, 아이들이 즐거워하는 게 좋아서 순수한 마음을 가진 사람들이 많다. 교육계와 협업하기 전 나는 주로 비공무원을 상대하는 일을 했다. 10년 넘게 비정규직으로 떠돌며 세상의 쓴맛을 보았다고 말할 수 있다. 사실 돈 버는 게 중요한 세상, 자본의 세계에서 만나는 사람들에 비하면 공무원만큼 순수하고 예의 바르며 정돈된 사람들이 없다. 학교는 내 기준에서는 선량하고 순수한 사람들이 주도권을 쥐고 결정을 한다. 교육의 주체라고 말하는 학생들은 더 말할 나위가 없다.

학교가 사회의 축소판이라는 것은 너무 흔한 이야기지만 진실이다. 의무교육이 되면서 세상의 모든 군상이 학교에 모일 수밖에 없다. 교사도 특유의 관습이 엿보이긴 하지만 그 안에서도 다양한 욕망이 충돌한다. 어떤 학교는 매우 민주적으로 운영되며 교사학습공동체도 능동적으로 작동한다. 어떤 교장은 내게 "교사가 제일 잘하는 건 공부"라고 말한 적 있다. 그만큼 교사는 주어진 과제가 있으면 배워서 해결

한다. 이들이 함께 공부를 하면 개방적이고 겸허한 태도를 보이는 것을 여러 번 경험했다. 학교 내 학습공동체가 잘 꾸려져서 운영되면 외부와 적극적으로 접촉하려고 한다. 이들의 학교 이야기가 밖으로도 잘 노출되며 지역에서 칭송받는 학교가 되기도 한다.

그러나 정반대의 학교도 있다. 교사가 학생을 대하는 태도가 강압적이고, 외부인에게 의전을 요구하거나, 교육지원청에서 조직하는 각종 공동체 모임에 거의 나타나지 않는 학교다. 교육정책은 수시로 새로운 것이 나타나기 때문에 교사 중 관련 업무를 담당한 사람들은 수시로 교육청이나 교육지원청과 교류해야 하는데, 유달리 눈에 띄지 않는 학교가 있다. 어떤 경우는 관리자에 따라 이 동향이 바뀌기도 한다. "그 학교가 그런 학교가 아니었는데 교장이 바뀌고 분위기가 달라졌다"는 평은 흔하다. 그만큼 아직도 학교에서 교장과 교감의 영향력은 상당하다.

어떤 교장은 학교에서 제대로 된 교육공동체를 꾸리기 위해 애쓰고, 타 학교나 지역사회와 함께 협동조합을 지향하기도 한다. 학부모가 학습공동체에 합류하고 학교의 의사결정 과정을 공유하면서 학교에 협조적인 태도로 변화하는 것도 보았다.

초등학교에서도 얼마든지 민주적인 과정이 가능하다. 관리자를 비롯한 교사가 열린 태도로 학부모와 계속해서 만나면서 질서를 잡아 나갈 수 있다. 학생들에게 자치권을 주고 하나씩 방법을 가르치면서 협의의 과정을 반복하면 많은 것이 변화할 수 있다.

　　중고등학교의 자치권은 교사에 의해 보장되는 곳이 속속 늘어나고 있다. 자치회가 본격적으로 작동하면 학생들이 봉착하는 문제는 거의 같다. 복장의 자율화. 경기도의 한 중학교는 학생자치회를 활성화하려고 수년간 노력했다. 그 결과 복장 자율화를 놓고 대토론이 벌어졌다. 학생들의 건의로 화장과 복장의 전면 자율화가 자치회 안건에 부쳐졌다. 학생들 사이에도 찬반 논란이 있었다. 학생자치회의 결정으로 이 안건은 학생, 학부모, 교사의 세 주체가 모두 모이는 대토론회에 부쳐졌다.

　　이 일화를 소개할 때마다 나는 누가 가장 반대했겠느냐고 묻는다. 학생들은 교사가 반대했을 것이라 꼽고, 교사는 학부모라고 꼽는다. 교사의 예측대로 교사들은 찬성 입장이었고, 학부모가 반대했다. 학생들은 찬성이 우세였지만 전원 찬성도 아니었다. 학생이라고 모두 자율화를 찬성하지 않는다. 학생도 보수적인 아이들이 있고, 규율을 중시하는 아이들도 있다. 대토론회를 거쳐 결국 화장 전면 허용, 복장 규정의 대폭 완화로 결정되었다.

학교 규율이 바뀌자 지역사회가 발칵 뒤집혀 학교로 적지 않은 민원전화가 왔다. 지역 주민들이 왜 학생들의 복장을 규제하지 않느냐고 항의하기 시작한 것이다. 교사들은 이 항의를 모두 받아 내며 학생자치회의 결정을 지지했다. 일 년 정도가 지나자 화장을 하고 등교하는 학생의 비율이 현저하게 줄어들었다. 사람은 금지된 것을 갈망하기 마련이다. 학생 중 몇 명은 ESG 연구 동아리에서 '중학생의 화장'이라는 주제로 교내 설문조사를 하고 자율 연구 프로젝트를 실행했다.

학교는 민주시민교육이나 학교 민주주의 수립을 적극 추진하려고 들지 않는다. 학생들에게 자율권을 주었을 때 기존의 틀을 깨려는 시도가 있을 거라고 두려워한다. 학생들을 통제하지 못할 거라고 우려한다. 학교는 학생을 금지와 통제의 대상으로 보고 있으며, 기존의 틀이 깨지는 것에 대한 공포가 있다는 얘기다.

몇 해 전 한 고등학교에 갔을 때의 일이다. 나는 주로 쉬는 시간에 교실에 들어가 노트북을 TV에 연결하고 수업 준비를 하는 편이다. 쉬는 시간이 끝나갈 무렵 그 반의 회장이 급하게 들어와서는 다음 시간까지 결정해서 자치회에 올려야 할 안건이 있다며 내게 5분만 시간을 내줄 수 있냐고 물었다. 다급하게 결정할 사항이 무엇인가 궁금하기도 해서 나는 교탁을 내주고 비켜서서 회장의 의사결정 진행 과정을 지켜보았다. 학급 회장은 빠르게 결정하기 위해 거수로 결정해도 되겠냐고 물었다. 학생들이 모두 괜찮다고 대답하자 첫 번째 안건을 말했다.

"오늘까지 결정해야 할 사항이니까 지금 물어보는 대로 손들어 줘. 우리 교복에 후드티 추가하는 사항인데, 후드티 찬성, 반대를 물을 거야."

나는 그 얘기를 듣고 '오우, 교복에 후드티라니 좋구먼. 시대가 좋아졌어'라고 생각하며 흐뭇해 하고 있었다. 그러나 아이들은 후드티 반대가 압도적이었다. 아이들이 "지금 있는 것도 충분한데 굳이 후드티를 꼭 해야 하느냐"며 반대 의사를 밝혔다. 회장은 "그럼 우리 반은 반대로 낼게"라며 두 번째 안건을 말했다.

"두 번째 안건은 수학여행에 대한 거야. 수학여행 간다, 안 간다로 일단 물어볼 거거든."

찬성과 반대는 반반이었다. 나는 이 결과가 상당히 의외였다. 후드티를 반대하는 것도, 수학여행을 반대하는 것도 내

예상과 달랐다. 쉬는 시간에 아이들에게 후드티를 반대하는 이유를 물으니 지금도 교복, 체육복, 생활복이 있는데 돈을 더 들여 후드티를 맞출 필요를 모르겠다고 대답했고, 후드티는 뒤에서 잡아당길 수 있어서 학교폭력 시비가 붙거나 위험할 수도 있다는 얘기를 했다. 수학여행 역시 귀찮다는 얘기와 비용이 너무 많이 들어 굳이 필요성을 느끼지 못한다는 의견이 있었다. 아이들이 무엇을 좋아할 것이라고 생각하는 건 어른들의 좌절된 욕망이 투영될 가능성이 크다. 아이들에게 직접 묻지도 않고 좋아할 것이다, 싫어할 것이다, 라고 어른들이 결정해 버린다.

고등학교의 경우는 입시와 취업의 벽에 가로막혀서 자치회가 권한을 발휘할 충분한 시간을 갖지 못한다. 자치회원으로 활동하는 것은 학생 개인의 스펙에 도움이 되지만 각종 교과 외 활동과 학원 수업, 입시 준비와 취업 준비에 바쁜 학생들이 자치회를 제대로 가동시키는 경우는 드물다. 고등학교에서 고3은 모든 활동에서 열외다. 특성화고등학교도 진학을 준비하는 학생이 많아 인문계와 특성화고의 차이가 크지 않다. 한국 사회에서 시도되는 수많은 교육정책은 입시 앞에 무력해지며, 결국 입시라는 장벽 앞에서는 아무리 좋은 정책도 모두 중단된다.

누가 교장을
고발할 것인가

2021년, 주요 언론에서 보도한 기사가 단체 채팅방에 올라왔다.

"이거 사실이에요?"

서너 줄의 짧은 단신 기사를 여러 번 읽어 보았다.

○○시의 초등학교 교장, 여교사 화장실에 몰카 설치했다가 덜미. 여성단체의 항의 때문인지 '몰카'라는 단어는 금세 '불법 촬영'으로 바뀌었고 후속 기사가 이어졌다. 믿을 수 없는 일이었다.

내가 사는 지역의 한 초등학교 교장이 여교사 화장실에 초소형 카메라를 설치했고 불법 촬영을 해 온 것이다. 교장이 긴급체포되기 전에 화장실에 설치된 초소형 카메라가 발견되었다. 교사들이 경찰에 신고하겠다고 하니 교장이 득달같이 달려들어 '그게 만일 학생이 저지른 일이라면 어떻게 감당하려고 그러느냐'며 한사코 교사들을 만류했다. 카메라는 여교사 화장실에 있는 화장지 케이스에 그려진 팬더의 눈을 뚫고 조악하게 설치되어 있었다. 기사가 뜬 것은 이 교장이 긴급체포되어 관할 경찰서에서 수사를 시작했기 때문이었다. 여성단체 연대를 중심으로 긴급 대책 회의를 소집했다. 일단 여성단체가 경찰에 문의해 정황을 파악했고 30년 이상 경력의 교장이 저지른 일이 맞다는 것을 확인했다. 피의자의 스마트폰에서 불법 촬영 동영상이 다수 발견되었다.

이 사건에 대한 시민사회의 대응을 궁리하며 나는 '학교 내 불법 촬영'이라는 키워드로 여러 번 검색을 했다. 학교 내 불법 촬영은 내가 파악한 그 일 단 한 번이 아니었다. 이전에도, 다른 지역에서도 있었다. 경기도에서는 학교 내 성범죄를 단속하기 위해 학교 내 불법 촬영 카메라 불시 점검을 기획했는데 사실상 불시 점검이 아니었다. 학교는 불시 방문 자체가 불가능한 곳이다. 학교에 외부인이 방문하려면 항상 공문이 필요하고, 출입구에서 방문 목적을 밝혀야 한다. 학교는 학생들의 안전이 최우선이다. 그 누구도 함부로 드나들 수 없다. 학생의 안전을 최우선으로 하게 된 계기도 범죄 때문이다. 이른 아침, 학교에 일찍 등교한 어린 학생을 대상으로 한 성폭력 범죄가 있었고, 학교 침입자로 인한 범죄가 발생했다. 이후 학교는 문을 닫았다. 학교를 지킬 사람을 더 구하거나, 학교 내 안전장치를 더 보완하기도 했지만, 가장 안전한 방법인 폐쇄를 택했다. 아이들은 등교 시간 30분 이전에 학교에 가게 되면 학교도서관 등 교사가 자리 잡고 있는 안전한 공간에 모여 있다가 교실로 이동해야 한다. 내가 학교를 다니던 시절처럼 '빈 학교에 1등으로 도착해 교실 형광등을 켜던 짜릿한 성취감' 따위는 느낄 여력이 없다.

방과후의 경우는 범죄 외 소송 건도 있었다. 아이들은 학교가 끝나고 바로 학원으로 가지 않으면 놀 만한 장소에 가방을 팽개쳐 두고 뛰어다니기 마련이다. 학교 운동장은 아이들에게 가장 안전한 공간이다. 학교 안에서 더 놀다 가는 것에 대해서는 학부모도 학교도 크게 문제 삼지 않았다. 모두들 그렇게 놀던 어느 날, 한 아이가 학교 안에 가방을 팽개쳐 두고 친구들과 어울려 학교 밖의 놀이터까지 나가서 놀다가 다쳤다. 아이의 부모는 학교에 책임을 물었다. 학교는 방과후의 일이니 학교의 책임이 없다고 했으나 학부모는 아이의 가방을 문제로 삼았다. 아이의 가방이 학교 안에 있었으니 아이는 하교하지 않았다는 주장이었다. 따라서 아이는 학교 안에 있을 때 사고를 당한 것이니 학교가 책임을 져야 한다는 것이었다. 학교는 이런 시비에 취약하다. 분란을 싫어하고 누군가와 작정하고 투쟁할 준비가 되어 있지 않은 사람들, 싸워 본 적 없는 대체로 선량한 사람들이 다수를 이루고 있는 학교 공동체는 이런 일이 발생했을 때 입을 닫고 문을 잠가 버린다.

코로나19 팬데믹 초기에 한 남자 교사가 초등학교 저학년 여학생들에게 자기 속옷을 빨고 인증샷을 제출하라는 과제를 내 준 것 때문에 전국이 발칵 뒤집힌 적 있다. 해당 교사는 불순한 의도가 아니었다고 극구 부인했으나 여론은 싸늘했다. 당시 SNS에는 왜 학교 내에서 이런 교사를 걸러 내지 못하느냐는 원성이 있었다. 학교는 당연히 이런 교사를 걸러 낼 수 없다. 내부에서 교사 하나를 지칭해 당신의 교육은 문제가 있다고 지적할 수 있는 사람이 몇 명이나 될까.

민주주의 실천이 기이하게 왜곡되면서 관리자도 문제 있는 교사에게 일방적으로 행동 교정을 요구할 수 없게 되었다. 관리자가 배운 민주주의는 교육청 강당에 들어앉아 비민주적 방식으로 배운 민주주의다. 교사도 민주적 의사결정 체계를 체험해 보지 못한 채 성장했다. 교사뿐 아니라 우리나라 대부분의 성인이 그러하다. 타인의 의견에 문제를 제기하면 발언자의 인성이나 더 나아가 삶 자체에 문제를 제기하는 것으로 착각한다.

학교는 결단코 평등하지 못하다. 학생은 돌봄과 통제, 감시의 대상이며, 교사는 위계를 무시할 수 없다. 학생들이 교장실에 찾아와 간식을 까 먹으며 놀다 가더라도, 교장이 학부모의 전화를 직접 받더라도 교사는 교장과 맞먹을 수 없다. 이전의 위계는 훨씬 더 심각했다. 한 교사는 "30년 동안 온갖 치욕을 겪으며 그 자리까지 간 사람들"이라고 관리자를 지칭했다. 민주적이고 자율적인 학교 운영을 추구하더라도 쉽지 않은 것이 학내 평등인데, 강압적이고 권위적인 관리자가 부임하면 최악의 상황이 펼쳐진다. 불법 촬영을 한 교장의 사건을 보면 그 교장은 학교가 얼마나 폐쇄적인 곳인지 정확하게 알고 있었던 것이다. 학교 안에서 일어나는 일은 모두 스스로 통제할 수 있다고 강력하게 믿었을 것이다.

이 사건을 놓고 시민사회단체에서는 몇 차례 회의를 거쳐 학교 이름과 지역명을 빼고 연대활동을 이어 나가기로 했다.

내가 활동하고 있는 시민사회단체의 연대체는 학교 내 불법 촬영에 대한 규탄 성명을 발표하고 거리 캠페인을 펼쳤다. 그리고 온라인으로 긴급 토론회를 개최했다. 교사노조 측은 참석을 고사했고, 전교조에서 참석했다. 교육지원청과 교육청에도 참석을 요청했지만 성사되지 않았다. 해당 사건을 수습하고 있던 담당자도 충격에서 벗어나지 못했다. 지역 교육지원청에서는 장학사 2~3인이 사건 발생 현장에 출근해 교육공동체의 회복을 돕기 위해 학부모와 교사의 상담과 제보를 받고 있었고, 교육청은 항의 전화를 받느라 정신이 없었다. 담당 기관에서는 입이 열 개라도 할 말이 없어 토론회 참석은 적절치 않은 것 같다고 말했다.

한 교장은 사건 이후 며칠 동안 밤잠을 이루지 못했다. 교장들 모두의 책임인 것 같아 모두에게 죄스럽다고 했다. 나는 그에게 그게 어떻게 교장선생님의 책임이겠느냐고 위로했지만 그는 고개를 가로저었다. 사전에 내부 폭력을 인지할 수 있었다면, 신고와 제보가 자유로운 문화였다면, 교장의 잘못된 행동에 대해 다른 제재가 가능했더라면 달라졌을까.

온라인 토론회에서는 다양한 의견이 오갔다. 학교 내 불법 촬영만의 문제가 아닌 학교 내 민주주의, 의사결정 체계, 학교의 폐쇄성, 교사의 인권 등 다양한 문제가 언급되었다. 토론회는 교육공동체의 회복이 우선이라는 데 모두 동의했다. 성인지 감수성 교육의 강력한 실행과 처벌이 중요하다는 쪽으로 의견이 모였다.

시민사회에서는 교육부와 해당 교육청에 학교 내 성폭력 피해 여부를 전수조사하고, 학교 내 성폭력 사안에 대한 신고 의무를 강화할 것, 성인지교육을 포함한 성폭력 예방 교육을 특히 관리자에게 더욱 철저히 시행할 것, 교내 반인륜적 사건이 발생하지 않도록 전 구성원이 참여하는 교육공동체를 강화할 것, 교사와 학생을 모두 포함하여 구성원의 교육권을 지킬 수 있는 방책을 마련할 것을 촉구했다.

우리는 해당 교육청의 학교 정상화 노력에 협조하고, 해당 학교의 이름이 언급되지 않도록 주변에 호소했다. 학교의 문제는 우리 모두의 문제니까.

왜 모든 책임을
늘 학교에 묻나

        학생에게 어떤 문제가 발생하거나, 교사가 불미스러운 일을 저질렀을 때 그 화살은 모두 학교로 향한다. 학교교육이 잘못되어서, 학교에서 교원 단속을 잘못해서라며 모두 학교의 잘못으로 일어난 일이 된다. 사람은 누구나 자기 경험치를 기준으로 세상을 본다. 학창 시절 학교에서 부조리한 일이나 부정부패를 경험했다면 비슷한 사건을 만날 때마다 그 기억이 되살아난다. "학교가 개판이라……." 드라마에서 교육 실습생이 자폐 학생의 뺨을 때리는 장면이 나왔을 때도 시청자는 분노했다. 부수적 드라마 장치라는 걸 일부러 외면하는 듯 교사의 구타나 폭력 행위에 대한 성토가 이어졌다.

2000년대 이전의 학교에는 체벌, 뇌물 등 반인권적 행태가 있었다는 것은 사실이다. 1990년대 후반부터는 이런 일이 점차 줄어들었고, 이 글을 쓰고 있는 2022년에는 비인권적 행위가 일어났을 때 쉽게 무마되지 않는다. 다수의 학부모가 커뮤니티에 가입해 활동하고 있으며, SNS를 하는 교사의 수도 늘고 있다. 학생들은 페이스북에 '○○중 대신 알려 드립니다' 같은 익명 페이지를 운영한다. 학교에서 아무리 입을 막으려고 해도 이제는 빠져나갈 구멍이 많지 않다.

그럼에도 불구하고, 학교는 최선을 다해 문제와 사고가 외부로 유출되는 것을 막는다. 최근 불거진 몇 가지 사건을 보면 그럴 만도 하다. 2022년 6월, 여덟 살 아동을 키우던 양육자가 아이를 살해하고 자살한 사건이 세간에 알려졌다.

현행법상 어린이 실종의 경우 신상을 공개할 수 있어서 경찰은 이 어린이의 얼굴 사진과 이름을 공개하며 공개수사에 나섰다. 주 양육자였던 부모는 아이가 다니던 학교에 현장체험학습을 간다고 알렸는데 기간이 지나도 연락이 되지 않아 수사가 시작되었다. 이 사건이 알려지고 피해 아동이 사망한 것으로 밝혀지자 교육부는 현장체험학습에 관한 제동을 걸었다. 담임교사가 5일에 한 번씩 장기 현장체험학습을 떠난 아동에게 전화를 걸어 확인하라는 것이다. 교사노조는 현장체험학습 관리를 학교에만 떠넘긴다는 성명서를 발표했고, 일선 학교에서는 장기 현장체험학습을 어떻게 관리할 것인지 난감해졌다.

불미스러운 사건이 일어나면 책임은 학교 현장에 떨어진다. 학교는 상위 기관이 보기에 더 다스려야 하는 존재가 된다. 교육부는 사건 대처 매뉴얼을 만든다는 이유로 더 많은 행정 처리 절차를 집어넣는다. 그뿐이랴. 국회의원은 교육부에, 지방의원은 교육청과 교육지원청에 수시로 자료를 요구한다. 직원들은 이들에게 보고할 자료를 만드느라 야근한다. 전국 모든 학교의 실상을 데이터화해서 정리하면 이런 수고가 줄어들까 싶지만 그럴 것 같지도 않다. 자료를 요구하는 사람들은 담당자가 한글파일에 11포인트와 15포인트를 넘나드는 서체로 가지런히 정돈하여 출력한 인쇄물을 손에 받아 들길 원한다.

2014년 세월호 참사 이후에도 1개 학년이 한꺼번에 이동하지 않도록 모든 수학여행과 현장체험학습을 쪼개서 가는 지침이 내려졌다. 사고가 나더라도 절반만 나면 괜찮다는 것인가? 피해자의 숫자라도 줄여 보겠다는 것인가? 현장체험학습이나 수학여행에 관한 철저한 안전관리나 그 보완 대책이 우선되어야 하는 것 아닌가? 사고가 일어나면 책임자를 처벌하지도 않고 일선에서 보통의 업무를 보고 있는 사람들을 옥죄는 정책이 내려오는 것이 우리 현실이다.

   오래전 한 마을에서 가장 덕망 있고 지식 수준이 높은 사람은 학교에 있었다. 어려운 문서를 해독하지 못한 마을 주민들은 서류를 들고 학교로 찾아가 교사에게 문서 해석을 부탁했다. 아이들이 갈피를 못 잡고 방황할 때 부모는 "선생님께 여쭤보라"고 일렀다. 정보통신이 발달하고 수많은 전문가가 각지에서 자기 지식을 과시하는 사이 학교의 기능은 달라졌다. 이제는 누구나 손쉽게 정보를 검색하고 습득할 수 있다. 동기부여와 기막힌 기술적 교육을 실행하는 사람들은 수백억대의 자산가가 된다. 교사는 학교 현장에서의 직업 경험을 토대로 교육에 대한 가치관과 신념을 가질 수 있으나, 세상은 그것보다 더 빨리 습득할 수 있는 기술을 선호한다.
   학교의 급식 문제가 논란이 되었던 것을 기억할 것이다. 정치계는 급식 문제를 정치 대립으로 키웠고, 다수의 시민이 학교에서 급식을 제공하는 것이 옳다고 합의했다. 시민의 합의는 선거 결과로 나타나는데, 친환경 무상급식을 골조로 하는 정책이 시민의 선택을 받았다고 봐야 한다. 공교육을 지키고 학부모의 경제적 부담을 덜어 준다는 목적으로 학교에서는 사교육을 대체할 수 있는 '방과후학교'를 시행하게 되었다. 방과후수업뿐 아니라 주 양육자가 경제활동을 위해 늦게까지 노동해야 하는 사회적 문제도 학교가 해결하게끔 했다.

코로나19 팬데믹 시기에는 방역도 학교의 몫으로 돌렸다. 2022년 초에는 학생들이 자가진단을 하고 등교하게끔 했다. 각 교육청이 자가진단키트를 구매해서 학교로 배포했는데, 이 과정에서 묶음으로 배달된 진단키트를 일일이 분리·포장해서 학생들에게 나눠 줘야 했다. 어떤 교육청은 외주업체를 섭외해 소분 작업을 의뢰했으나, 어떤 교육청은 각 교육지원청의 장학사들이 민방위복을 입고 강당에 모여 자가진단키트를 소분했고, 어떤 지역은 학교에 뭉텅이로 떨어진 자가진단키트를 교사들이 일일이 뜯어 소분했다.

교육부에서는 2019년 미래교육지구를 설정하기 시작했다. 기존의 혁신교육지구 사업에서 보다 확장된 사업이다. 미래교육지구는 마을공동체와 학교의 연결고리를 강화하고, 학교와 마을을 넘나들며 교육자치를 실현하는 것이 목적이다. 계속해서 정책은 만들어지고 학교는 쏟아지는 정책을 감당한다. 혁신교육지구 선정도 그러했듯이 지구 단위 사업에 지원해서 선정되고 예산을 받는 것은 대부분 기관장의 의지가 강하게 반영된다. 교육감, 교육장, 시장이나 군수인 지자체장의 의지가 있어야 조직이 함께 뛰어든다. 그러자면 누군가는 이에 관한 서류와 제반 업무를 수행해야 하는데, 공공기관에서는 새로운 사업에 도전한다고 해서 사람을 새로 뽑지 않는다. 따라서 기관장이 이런 사업에 도전해 보자 했을 때 이미 산적한 일을 처리해 내기도 버거운 사람들이 선뜻 손을 들고 자원하기를 기대할 수 없다.

추가 업무에 대한 대가는 실적이다. 실적을 쌓을 수 있는 최고의 효율을 뽑아내야 하고, 일 년 내에 숫자로 표현할 수 있는 성과지표가 선명해야 한다. 정부는 연단위로 예산을 세우고 그에 대한 결산을 정리한다. 공공기관은 연간 예산에 맞춰 사업을 진행할 수밖에 없다. 장기 계획은 기관장의 임기에 따라 정해진다. 보통 지방선거가 4년 주기로 돌아가니 큰 사업은 4년 단위로 계획되고, 공약에 따라 일 년 단위의 성과지표가 표시된다. 1차년도 사업에서 10억으로 10개 사업을 진행해서 성과를 냈다면, 2차년도 사업에서는 동일한 예산으로 20개 사업으로 늘린다. 예산을 쪼개고 숫자를 늘린다. 3차년도에는 과감하게 50개로 늘린다. 백퍼센트 성장했으니 250

퍼센트 성장해 보자는 것이다.

정책 입안자도 마찬가지다. 본인도 기억 못할 수많은 공약을 실행하느라 끊임없이 정책을 발표한다. 시민의 의견을 받는답시고 민원성 건의를 토대로 공약을 도출한다. 이 공약은 4년 안에 성과를 내야 세간에서 메니페스토 우수 의원이 된다. 시민도 자기가 제시한, 자기에게 유리한 공약이 잘 실천되는지 각자의 이익에 따라 두 눈을 시퍼렇게 뜨고 감시한다.

이쯤 되면 누가 강자고 누가 약자인지 구분이 안 된다. 학교는 끊임없는 민원에 시달리고, 악성 민원은 학교를 초토화시킨다. 법적 대응뿐 아니라 '교사 하나쯤 잘라 버려도 그만'이라는 학부모가 도처에서 대기 중이다.

공교육은 기적일 수 있을까

학교의 미래

프랑스의 사회학자이자 철학자인 디디에 에리봉Didier Eribon은 『랭스로 되돌아가다』에서 자신의 생애 경험을 털어놓는다. 가난한 노동자의 자녀였던 디디에는 가난과 그 가난으로 인한 폭력이 당연하게 여겨지는 가족이 싫었다. 그는 성소수자이기도 했다. 차별과 혐오를 감당하며 버텨야 하는 사회적 조건에서 살았다. 그러나 디디에는 학교교육을 통해 다양한 경험과 지식을 쌓을 수 있었고, 자신의 출생 신분을 미워하면서도 학자로 성공하는 기반을 닦는다.

디디에 에리봉이 학문과 소양을 갖출 수 있었던 것은 학교 덕분이었다. 사회적 기반이 다른 나라에서 벌어진 이 특별한 일을 가지고 "한국의 공교육도 기적이어야 한다"고 쉽게 주장할 수도 있다. 우리의 학교는 디디에의 경험처럼 기적의 학교가 될 수 있을까.

앞서 여러 가지 일화를 소개하며 이야기했듯이 한국 사회는 학교에 많은 것을 요구하고 있다. 학생들의 급식도 챙겨야하고, 구강검진을 비롯한 체력과 신체 발달도 신경 써야 한다. 사회적 인간으로 살아갈 수 있는 공동체 시민성에 대해서도 가르쳐야 하며, 합의에 이르는 민주적 인간으로도 길러야 한다. 학생들은 방과후학교를 통해 평생 살아가는 데 힘이 될 수 있는 교과 외적인 문화예술적 소양을 기르고, 안전과 책임에 대해서도 배워야 한다. 마을과 어울려서 살아가는 방법도 필요하고, 지역사회도 이해해야 한다. 최근에는 미디어리터러시와 경제 교육을 실시하자는 움직임도 있다. 학교의 목표가 전인교육이라고 봤을 때, 지금의 학교는 전인교육을 실시해야 하는 그 목표에 부합하고 있긴 하다.

그런데도 많은 정치인이 계속해서 새로운 교과목을 만들어 학교에 집어넣으려는 정책을 펼친다. 이 모든 것을 가르치려면 교사는 그 분야에 대한 기본 이상의 수준을 획득해야 한다. 여기서 간극이 생긴다. 교사가 되기 전에 배운 것 이상으로 끊임없이 훈련하고 배워야 한다. 문제는 학교의 시스템이 이 모든 교육을 실시하기에 적절하지 않다는 것이다.

코로나19 팬데믹 2년 동안 학교는 어디로 가야 하느냐는 질문을 여러 차례 받았다. 왜 내게 그것을 묻느냐고 물으면 학교 밖에서 학교를 깊이 들여다본 사람이기에 묻는다고 했다. 물론 나보다 학교의 구조적인 문제를 잘 아는 사람은 많겠으나, 지역의 시민사회단체 활동가로, 또 학교교육의 구조적 문제를 파악하고 마을 이야기를 학교 안에 실어 나른 사람으로서 학교의 미래가 어떠했으면 좋겠다는 희망을 담아 이야기했다. 지금의 사회가 학교에 요구하는 것은 크게 세 가지로 보인다.

첫째, 학교에서 갖춰야 할 교육은 지식을 보급하는 것이 아니라, 진짜와 가짜를 가려내는 분별력과 문해력을 길러 내는 것이 되었다.

학교는 더 이상 지식 체계의 유일한 공급처가 아니다. 인터넷과 정보통신의 발달에 따라 지식에 관한 접근성은 매우 낮아졌다. 누구나 쉽게 정보를 얻고 공부할 수 있다. 『프로보커터』에서 김내훈이 지적했듯이 '사유의 외주화'가 보편적인 일이 되어 많은 이들이 남의 생각이 마치 자기 생각인 양, 자기가 숙고하고 고민하여 내린 결론인 것처럼 착각하게 되었다. 따라서 이제는 그 정보를 판별할 수 있는 능력이 더욱 중요해지고 있다.

둘째, 학교는 가정의 외주화를 수행하고 있다.

과거에는 집에서 도시락을 싸 왔으나 지금은 학교에서 급식을 제공받는다. 지난 지방선거에서는 학생들의 아침밥을 제공하겠다는 공약이 나오기도 했다. 야간자율학습이나 방과후 교과 보충 시간을 더 갖는 학교는 저녁을 제공하기도 한다. 이제 급식은 보편적인 일이 되었고, 특별한 사정이 있는 경우에만 집에서 식사를 챙겨 보낸다.

돌봄교실을 운영하는 것도 가정의 외주화에 해당한다. 주양육자가 늦게까지 일을 해서 아이를 돌볼 수 없을 때 학교가 돌봄을 맡았다. 돌봄교실의 필요성이 대두되었을 때, 지역사회에서 돌봄을 책임져야 한다는 목소리도 있었으나 지역사회보다는 학교가 편리하고 믿음이 간다는 이유로 학교 안에 설치되었다. 학교가 원하든 원치 않든 시대와 사회가 학교에서 돌봄을 책임지는 것이 맞다고 합의해 버린 것이다.

셋째, 학교는 개별성을 가져야 한다.

1990년대 이전에는 한 마을에 다양한 소득과 학력을 가진 사람들이 어울려 살았다. 신도시 개발이 시작된 이후 마을은 비슷한 가격의 주거 공간이 밀집하는 형태로 점차 변형되었다. 한 마을이 아파트와 비아파트로 쪼개진 경우에도 비슷한 소득 수준의 가정에 사는 학생 그룹과 그렇지 않은 학생 그룹으로 분류된다. 고노동 저임금에 시달리는 가정과 그렇지 않은 곳의 환경과 요구 조건이 다르다.

학교는 일반적으로 비슷한 교과과정을 실행하지만 지역 환경에 따라 보다 세심하게 신경 써야 하는 것들이 있다. 돌봄과 사회화 교육에 보다 신경 써야 하는 학교가 있다면, 과잉된 교육열을 감당해야 하는 학교도 있다. 노동인권교육을 진행하는 단체에서 더 자주 찾아야 하는 학교가 있고, 다문화 이해를 기반으로 하는 다양성교육이 강화되어야 하는 곳이 있다. 학교를 둘러싼 밀접 지역의 환경을 이해해 그 지역에서 결핍된 부분을 채우는 것이 보다 효율적이며 극단적으로 치닫는 불평등을 조금이라도 늦출 수 있다.

위 세 가지 요구 사항은 학교가 먼저 원해서 이루어졌다기보다는, 위에서 전달한 정책 방향에 의해 결정된 셈이다. 시민이 원했고, 정치인을 통해 정책으로 구현된 부분이 있다. 교육에 대한 정책은 매년 새롭게 쏟아지고, 정책을 감당할 수 있는지의 여부와 무관하게 학교와 교육청은 정책을 받아내기 바쁘다.

교육정책과 관련한 토론회를 열거나 공청회를 할 때마다 학생들은 보여 주기 위해 동원되거나 아예 배제되곤 한다. 학생들을 대하는 정책 입안자의 자세는 이들이 미래 시민이며 곧 유권자가 된다는 사실은 염두에 두지 않은 것으로 보인다. 그저 투표권을 가진 성인을 대상으로 정책을 설명한다. 이런 토론회는 대체로 오후 시간에 열리는데, 이는 행정 편의주의다. 교사가 참여하기 위해서는 출장계를 써야 하고, 교육청을 비롯한 기관은 행사를 준비하되 야근을 하지 않기 위해 오후 6시 전에 모든 업무를 끝내려 한다. 그 시간에 학생이 참여하려면 수업을 빠져야 하는데 애당초 학생은 안중에 없기 때문에 큰 문제가 되지 않는다.

결정권자들은 학생에게 설문조사를 실행한다고 하지만 대부분의 설문조사는 앱을 통해 학부모에게 전달된다. 가정 내에서 소통이 안 될 경우 학생 대상 설문조사는 학부모의 의견일 뿐이다. 학생들이 뭘 원하는지 제대로 묻지도 않는다.

이러한 태도는 우리 사회의 전반적인 경향을 나타낸다. 학생들이 잘 모를 수 있다. 복잡한 정책 입안과 결정 과정을 학생들은 모를 수 있다. 그렇다면 교육적 차원에서 그 체계를 쉽게 해석하고 재편성하여 학생에게 주권을 돌려주는 것이 옳지 않나. 그러나 그럴 일손도 없고 시도도 하지 않는다.

　몇 년 전 한 학교에서 교원평가위원회에 참여해 달라는 요청을 받아 위원으로 역할을 한 적 있다. 그때 나는 이 학교에 장애 학생이 있느냐 물었다. 지적장애와 자폐, 즉 발달장애로 뭉뚱그려지는 몇 명이 있다는 대답을 듣고 나는 장애 학생에게도 교원평가의 권한을 주었으면 좋겠다고 말했다. 다수의 구성원이 동의했지만 한두 명의 관리자가 난색을 표했다. 언어 전달이 잘 안되는데 어떻게 평가를 할 수 있느냐는 것이었다.

　"문장을 쉽게 바꾸고 누군가 옆에서 평가를 하도록 도와주면 되지 않습니까?"

　이 말을 한 나는 문장을 바꾸는 일을 맡게 되었다. 제안자 우선의 법칙은 여지없었다. '선생님이 학습에 도움을 주십니까?'라는 말을 '선생님은 내가 잘 모르는 것을 내게 잘 가르쳐 주시나요?'라고 바꿔 냈다. 대다수 위원의 동의를 얻어 발달장애 학생용 설문조사지가 통과되었다. 그 실효가 얼마나 될지 모르겠지만 교육의 목표가 '한 명의 아이도 포기하지 않겠다'는 것이면 실천하는 게 옳다.

교육을 비롯해 사회 전반에 걸쳐 느리고, 둔하고, 어설픈 것에 관해 용서가 없다. 이 나라가 그렇게 되어 버렸다. 경쟁하지 않으면 살아남을 수 없으니 살아남기 어려운 자들에 대한 혐오가 일상화된다. 교육정책의 결정도 학생을 배제하고 진행되는 것이 바로 이런 혐오의 일상화다. 내재된 혐오는 배제로 표현되고, 대상화해 버린다. 정책 어디에도 학생의 의견은 반영되지 않는다. 게다가 이 나라의 모든 교육정책은 대학 입시 앞에서 무너지기 십상이라, 중학교 이후의 교육정책은 모든 것이 입시 중심으로 재편성된다.

최근 들어 몇몇 교사를 중심으로 발달장애와 느린 학습자에 대한 별도의 대책이 보다 강화되어야 한다는 이야기가 시작되었다. 교실에서 여실하게 느끼겠지만, 예전보다 훨씬 더 '손이 많이 가는' 아이들이 늘어났다. 이런 현상은 인구구조의 문제와는 상이하게 문명과 습득의 방식이 달라진 탓도 있겠다. 초등학교 고학년이나 되어야 지퍼를 스스로 채울 줄 알고 운동화 끈을 묶을 수 있다. 중학생이 되어서도 서툰 경우가 비일비재하다. 흙과 풀을 만지지 않고 자라는 아이들의 근육 발달이 이전 세대와 다른 것은 당연한 일이다.

또한 느린 학습자도 눈에 띄게 늘고 있다. 이에 대한 조사는 보다 조심스럽게 접근할 필요가 있겠으나, 정서적인 문제를 겪는 학생은 분명히 더 많이 눈에 띈다. 어쩌면 한 학급별 학생 수가 계속 줄어들면서 가시화되는 이유도 있겠다. 이제는 발달장애나 느린 학습자를 분리하는 것보다 통합교육으로 끌어안을 준비를 해도 된다는 뜻일 수도 있다.

모든 일상이 외주화된 세계에서 아이들은 기본적생활습관을 갖추지 못한 채 학생이 된다. 나 역시 아이가 유치원에서 초등학교로 진학할 때 무엇을 가르쳐야 하는지 잘 모르는 학부모였다. 글씨를 쓸 줄 알고, 셈을 할 수 있다고 해서 학습이 잘되는 학생이라고 볼 수 있을까? 학교의 목적에 따라 성취 평가는 차이가 있겠다. 시민으로서 학생을 키워 나갈 것인지, 문제 풀이형 인간을 키워 나갈 것인지를 생각한다면 학교에서 가르쳐야 할 것은 교과 중심보다 훨씬 더 복잡한 문제를 안게 된다. 또한 학업성취의 정도가 다른 아이들이 한데 뒤섞여 함께 배우고 가르치며 학습공동체를 형성하는 것만큼 좋은 교육도 없다. 다만 그를 책임질 수 있는 교사에게 부담이 되지 않도록 업무 분장과 여유롭게 가르칠 수 있는 제도가 정착되어야 한다.

약 봉투를 가방에 넣어 들려 보내도 되는 유치원의 교육 과정과 30명의 학생들을 일일이 챙기기 어려운 초등학교 1학년 교실은 그 차이가 크다. 아이들은 자신에게 일일이 수저를 쥐어 주던 유치원에서 갑자기 초등학교 교실로 배정받아 혼란스럽다.

교사가 학생에게 머리를 숙여 인사해도 환하게 웃을 수 있는 초등학교와 어떻게 하면 교사를 들이받을까 궁리하는 녀석들이 뛰어다니는 중학교와의 간극은 어떻게 메울 것인가. 지금까지는 모두 각자 알아서 대처해 왔다. 초등 교사는 중학교의 실상을 모르고, 유치원 교사도 아이들이 초등학교 가서 겪을 혼란을 미리 알려 주기 어렵다. 유치원 교육과정이 초등 교육과정과 밀접해진다고 한들 이러한 문제가 한 번에 해결되긴 어려울 듯하다. 각 학제별 연결 과정도 조금 더 세밀하게 연결될 필요가 있다. 교육공동체의 실체는 한 지역에서라도 유치원과 초등학교의 연결, 초등에서 중학교의 연결이 보다 구체적으로 이뤄진다면 좋겠다. 그러려면 초등학교도 좀 더 돌봄에 신경 써야 할 수밖에 없다.

학부모에게 기본적생활습관을 가르쳐서 아이를 학교에

보내 달라고 요청해 봤자 공염불이 될 가능성이 크지 않겠나. 유치원에서 인근 초등학교와 연계하고, 초등학교에서 중학교와 연계해 상급학교의 교사들이 한두 번이라도 학부모 연수를 실행한다면 어떨까. 크게 품이 들어가는 일은 아닐 테지만 그 연결고리를 맺는 것 자체가 쉬운 일은 아닐 게다. 일단 각 교육지원청에서도 초등교육지원과와 중등교육지원과가 서로 무슨 일을 하고 있는지 전혀 모르고 있는 게 현실이긴 하다.

학교가 마을과
손을 잡으려면

학교의 고질적인 문제는 일 년 내내 쉬지 않고 떠들어도 쉽게 끝나지 않을 것이다. 교사가 봉착한 문제와 억울했던 학창 시절을 보낸 시민과 학교에 대한 양가감정을 가진 학생 모두 학교에 대해서는 수십 시간을 말할 자신이 있으리라. 이제 여기서 학교가 조금이라도 그 부담을 덜어낼 수 있는 제안을 해 보고자 한다.

지금의 교육체제는 각종 정책과 사회의 안전망을 우격다짐으로 학교에 넣어 버린 셈이다. 그도 모자라서 글과 말로 정책을 결정하는 이들은 더 많은 정책을 만들어 학교에 던지고 있다. 이를 극복할 수 있는 방법은 학교의 문을 더 활짝 열고 민주적인 학교를 만드는 것이다. 교육체제에 대한 문제점을 공론화하고, 시민의 힘을 빌려 비대해진 학교를 끌고 나가면서 학교가 가지고 있는 부담을 지역사회와 나눠야 한다.

2015년 지역교육네트워크가 지역사회와 본격적으로 협력사업을 진행한 이후 전국 여러 곳의 초청을 받아 민주시민교육과 마을교육의 네트워크 구성에 대해 설명했다. 초청받은 곳은 다양했다. 교육청, 시민사회단체 지역교육네트워크, 교사 연구 모임, 개별적 학교 등 여러 곳에서 네트워크를 구성해 학교와 지역이 연계하는 방향을 모색하고자 했다.

지역교육네트워크 구성은 그 지역의 자원을 활용하는 것이 핵심이다. 지역의 현안과 분위기, 시민교육 필요성의 정도도 모두 다르다. 시민교육을 하는 것이 최종 목표는 아니다. 이 교육을 통해 교사보다 더 전문성 있는 지역의 시민이 학교를 드나들며 경계를 허무는 것이 중요하고, 그 과정에서 관계를 형성해 지역사회와의 결합을 시도할 수 있다. 따라서 시민교육은 일종의 수단이 될 수 있다. 시민교육이 부담스럽다면 예체능교육이나 마을 의제 발굴을 토대로 하는 마을교육도 가능하다.

민주시민교육은 2015년부터 시작했으나 2018년 정도까지 답 없는 논의가 계속되었다. 아직도 같은 토론을 계속하는 사람들도 있다. 주된 내용은 독일의 민주시민교육 모델을 토대로 한국형 민주시민교육을 개발해야 한다는 것이었는데, 독일의 '보이텔스바흐협약'처럼 한국형 민주시민교육 협약이 필요하다는 얘기였다.

나는 이 의견에 반대한다. 한국은 독일이 아니고, 독일과는 시민교육의 태생이 다르다. 독일은 역사적으로 봤을 때 엄연한 전범국이다. 독일에서 정치교육에 국가가 개입한 것도 다시는 그와 같은 치욕적인 역사를 되풀이하지 않겠다는 의지의 반영이다. 반면 한국은 남북 대립에서 시작된 정치적 대립이 지속되고 있다. 최근에는 정치권의 영향으로 좌우에서 남녀 대립까지 갈라치기 당하고 있는 상황이다. 이런 나라에서 일관된 하나의 협약을 만들어 내는 것은 쉽지 않다. 게다가 한국은 수시로 가치관이 전복되는 일이 발생하기 때문에 그 시대에 걸맞은 내용을 담으면 되고, 그 근간에 헌법을 배치시키면 된다.

대한민국헌법은 상당히 진보적이다. 정부에서 경제민주화를 주창할 때 시민들이 사회주의 정책이냐고 반문했으나 '경제민주화'라는 단어는 헌법에 담겨 있다. 헌법에는 일종의 토지공개념도 들어 있다. 한국의 헌법은 사상과 철학을 담고 있기에 별도의 협약이 없더라도 이에 맞추어 진행하면 된다. 항간에는 헌법 교육과 시민교육이 대치되는 구조인 것처럼 인식하고 있는데 헌법을 읽어 보면 결국 같은 내용, 아니 오히려 헌법이 훨씬 더 진보적이라는 것을 금세 알 수 있다. 시민교육계에서 오래 활동한 사람으로서, 교과서 이름을 바꾸거나 시민교육 앞에 '민주'라는 글자를 꼭 고집하지 않아도 좋다고 본다. 특정 정당을 위한 교육이라는 오해도 많이 받았고, 대립이 심할 때는 불필요한 논란을 굳이 싸안고 갈 필요는 없다고 생각한다.

시민교육은 경기도교육청에서 만든 교과서가 분야별로 나뉘어 있어 기초 단계에서 접근하기 좋다. 분야가 나뉜 것은 지역 내 교육네트워크를 구축하기 좋은 수단이기도 하다. 각 지역에는 분명히 단체가 있다. 아주 작은 단위의 읍면 소재지라면 인근 지역까지 아우르는 단체가 있기 마련이다. 공교육기관에서 접촉할 만한 단체를 크게 분류하자면, 1987년 체제의 운동권에서 분파된 시민사회단체와 1990년대 후반 친환경 무상급식 운동과 교복은행 운동에서 출발한 학부모 단체가 있다. 1980년대 농촌 운동에서 출발한 생협도 있다.

우선 시민사회단체는 1987년 체제 이후 마을로 흩어진 운동권이 기반이 되었던 것이 사실이지만, 세월이 오래 지나며 주 활동가도 많이 교체되었다. 최근에는 기업을 다니다가 시민사회단체로 전업하는 경우도 생기고, 전업주부가 작은 봉사활동을 하다가 시민사회단체에서 활동가로 전환하기도 한다. 여기서 말하는 시민사회단체는 정부로부터 운영 지원금을 받지 않고 회원들의 자발적 회비로 운영되며, 국가·정부·의회의 감시 기능을 하는 단체를 말한다. 이들은 오래전부터 자신들의 가치관을 설파하기 위한 대시민교육을 해 왔는데, 그 교육이 대체로 현재의 시민교육과 맞아떨어진다. 이들은 주로 지방정부에서 해결할 수 없는 문제를 찾아내고 정책으로 제안하기도 하며, 지역의 의제가 발생하면 제도를 바꾸어 해결하고자 한다.

우리 지역의 시민사회단체를 찾아보려면 일단 여성단체부터 찾아보는 게 가장 쉽다. 어느 지역이나 여성단체는 있다. 그 성향과 활동 내역이 조금씩 다를 뿐 폭력과 가부장제로 인한 여성 인권침해 사례는 끊임없이 일어나고 있기 때문에 페미니즘을 실천하는 여성단체는 분명히 있다. 장애인 단체도 꽤 많은 편이다. 1990년대 후반에 자리 잡기 시작한 생협도 시민사회단체와 궤를 같이한다. 엄연히 말해 이들은 사회적경제 영역에 속하고, 그중 일부 생협은 시민운동보다 영리를 추구하는 쪽으로 방향을 틀고 있지만 초기 조합 구성 단계에서 지역 시민운동 단체들과 결합한 경향이 많다.

한국의 대표적인 시민사회단체인 YMCA와 YWCA는 전국 조직을 갖추고 있다. 모든 기초단체에 지역단체를 두고 있지 않으나 인근 지역엔 분명히 있을 것이다. 환경단체도 있다. 전국 조직망을 갖고 있는 환경운동연합이나 녹색연합 등 다양한 이름의 환경단체가 각 지역에서 활발하게 활동 중이다.

시민사회단체가 모두 올바르거나 좋은 사람들은 아니다. 지역마다, 단체마다 특성은 다르다. 어떤 단체는 유난히 전투력이 좋고, 어떤 단체는 반대를 위한 반대를 하는 것 같을 때도 있다. 사무실이 있고, 활동가가 있으나 실질적으로 1인 단체인 경우도 있다. 이런 부분은 직접 방문해 면담해 보면 알 수 있다. 월급을 받는 상근자는 큰 단체는 10여 명인 경우도 있지만, 운영 비용이 매우 부족하기 때문에 급여를 받는 상근자는 2~3명 미만인 경우가 허다하다. 활발하게 활동하는 단체라면 정부의 공개 모집 사업에 지원해 사업비를 지원받거나 지방정부의 사업을 수탁받아 운영하고 있다.

지역에서 교육네트워크를 꾸리는 데 이들과 우선 접촉해

보라고 권하는 이유는, 이들이 가진 노하우를 배우고, 이들이 구축한 네트워크를 통해 학교교육을 확장할 가능성이 있기 때문이다. 시민사회단체는 건실하게 운영해 온 곳이라면 대부분 10년 이상 단체를 꾸려 온 노하우를 가지고 있다. 제대로 된 시민사회단체라면 의사결정 체계가 1인에 의해 결정되지 않아 의결 구조가 복잡하고 느리다. 모든 사람이 발언권을 가지고 거의 만장일치까지 나아가야 합의가 이루어지기 때문에 민주적 의사결정 과정에 익숙하다. 1980년대 후반부터 이어져 온 전통이 있다면 지역 내 네트워크도 상당히 단단한 편이다. 정책 제안을 하거나 지방의원들과의 공적·사적 관계망도 형성되어 있을 것이다.

지역교육네트워크를 구성하는 것은 각 지역단체의 역량에 따라 다르다. 시민사회단체가 하는 말은 모호하고 개념적이라 추상적으로 들릴 수 있다. 여기에 행정을 이해하고 구체화시키는 데 재능 있는 사람이 합류하면 행정과 민간을 연결하는 중요한 고리가 된다. 최근 지역에 투쟁할 만한 이슈가 있었다면 연대 조직이 갖춰져 있을 것이다. 반면 평화로운 시기가 지속되었거나, 시민사회단체가 그 역할을 제대로 하지 못했을 경우엔 연대 조직이 이미 와해되어 있을 수도 있다. 어쨌거나 이들은 회원 조직을 가지고 있고, 그 회원 조직 내에서 마을과 학교를 연결할 수 있는 사람들이 있다. 학교에서 해결할 수 없는 성폭력 문제나 청소년 노동 인권 문제도 지역 시민사회단체에 문의할 수 있는데, 학교에 미처 정보가 없어서 중앙 단체에 연결하느라고 애를 먹는 경우를 많이 본다. 비영리법인은 모두 관계부처나 지방자치단체에 등록하게 되어 있다. 구글에서 비영리법인 목록을 검색하면 쉽게 다운받을 수 있다. 이미 각 지방자치단체나 해당 부처 홈페이지에 공개 게시된 내용이다.

시민사회단체는 시민의 회비로 운영되므로 공공의 자산이고, 이들은 모두 별도로 홈페이지를 갖고 매년 재정 상황을 투명하게 공개하는 것이 의무화되어 있다. 대부분 일 년에 한 번씩 총회를 열어 예·결산 사항을 승인받아야 한다. 그러니 단체에 대해 검증이 필요하면 검색을 하는 정도의 수고는 거치는 것이 옳다. 회원 수가 100명 이상, 회비를 납부하는 일정 정도의 인원이 꾸려진 곳이 비영리민간단체에 해당한다. 회원 수가 그보다 적은 곳은 비영리임의단체로 세무서에서 승인을 받는데 3~4명이 모인 동아리도 비영리임의단체로 등록이 가능하다.

지역 내 단체를 파악하려면 구글 검색으로도 충분하고, 더 확실하게 알려면 광역지방정부에 비영리민간단체 등록 담당 부서를 찾아 명단을 받으면 된다. 가끔 지역 내 공익 활동을 지원하는 중간지원조직에서 이들이 꾸준히 활동하고 있는지 여부를 확인하기도 하니, 실질적으로 운영되고 있고 실무자가 근무하고 있는지를 파악해 보면 된다. 중간지원조직의 경우 공익활동지원센터 또는 NPO지원센터로 되어 있다. 관련 기관은 지방자치단체가 된다. 이 중간지원조직은 지방자치단체에서 직접 운영하거나 위수탁 계약을 맺으니 그 사항을 홈페이지상에서 충분히 확인할 수 있다.

학교가 지역과 손잡고자 할 때 꼭 시민사회단체일 필요는 없다. 시민사회단체라고 해서 운동권에서 출발한 조직을 말하는 것도 아니다. 학부모 단체나 지역의 생활공동체, 마을살이 등에서 구성된 단체도 많다. 시민사회단체의 관심 분야와 이슈는 나날이 세분화되고 있다.

내가 시민사회단체에 대해 이야기하면 다수의 교원은 노동조합이나 격렬한 투쟁으로 언론에 오르내리는 장애인 단체를 먼저 떠올린다. 전국을 무대 삼아 활동하는 큰 단체도 있지만, 지역에는 공공기관이나 산하기관과 긴밀한 협력관계를 맺고 정부가 살피지 못하는 곳을 메꾸고 있는 다양한 단체가 있으니 너무 두려워하지 않아도 된다. 다만 어떤 조직이든 만나 봐야 아는 것이고, 그들이 회원들의 의견을 잘 합의하며 대표성을 갖는지, 지나치게 한쪽에 치우쳐 있지 않은지, 적대적인지를 확인할 필요는 있다.

또한 각 지역에는 정부에서 운영을 지원하고 있는 새마을회, 자유총연맹, 바르게살기운동, 민주평화통일자문회의가 있다. 정부에서 운영하는 조직은 각각 1970~80년대에 정부 차원에서 시민 결집 세력이 필요해 조직한 단체라 법적으로 근거가 마련되어 있고, 일정 부분 운영 지원을 하게 되어 있다. 민주평화통일자문회의는 대통령직속자문기구로 새마을회, 자유총연맹, 바르게살기운동과는 결이 다르다. 또한 입회 절차가 까다로워 문턱이 높은 편이지만 평화통일 부분에 관해서는 합의된 조직이기도 하다.

네 조직은 대부분 지역 내 봉사활동을 도맡아 하고, 지역의 통반장 등 지방정부의 일에 매우 협조적인 조직이다. 흔히들 관변단체라고 하는데, 이들이 지역에서 해내는 소소한 역할을 살펴보면 지방정부로서는 큰 힘이 되기도 한다. 이들 단체는 혁신교육이나 마을교육에 대한 주체적인 실행이 어렵

더라도 언제나 공공기관에 협조적이며 봉사 정신으로 무장
되어 있다는 점을 기억할 필요가 있다.

꼭 학교에서 외부 강사가 일정한 수업을 진행하는 교육이
아니어도 좋다. 지역에 걸맞은 활동을 의제 삼아 협력하는
관계를 구축해 나가는 시범 활동이 중요하다. 처음부터 지역
교육네트워크가 잘 구축되어 있고 구심점이 될 주요 활동가
와 협력관계가 잘 이루어지는 경우는 행운이다. 시민과의 협
력관계 구성은 교육 관련한 중간지원조직이 있으면 그 조직
에서 도맡아 하는 게 훨씬 낫고, 그렇지 않다면 교육청이나
교육지원청 단위에서 실행하는 게 맞다. 학교의 경우 매일
만날 수 있는 학부모 조직과는 조심스럽게 접근해야 하므로
부담이 크다. 시민교육이 구축되어 있다면 시민교육으로, 문
화다양성교육이 필요하다면 민간이나 중간지원조직에서 강
사 양성 과정을 통해 강사를 길러 낸 뒤 교육청이나 교육지
원청에서 교육 실행 방안을 같이 구상할 수 있다.

그 외 마을 축제나 지역 내 마을교육 시스템을 구축하는
방법도 있다. 오래전 작은 마을의 운동회를 생각하면 쉽다.
1980년대 초등학교의 운동회가 마을 축제로 연결되는 일도
있었는데, 최근에도 마을공동체가 잘 꾸려진 곳은 학교 운

동회가 마을 축제로 확대되는 경우도 많다. 벼룩시장과 먹거리 장터까지 포함하고 마을의 어른들이 학교 운동회에 참여하며 축제로 확장하는 것이다. 이런 행사는 일요일에 운동회를 여는 수고를 마다하지 않는 교사들이 있어서 가능하다.

지역과의 협력을 시민교육으로 잡았지만 2022년까지 순항했던 민주시민교육으로 국한할 필요는 없다. 2022년 지방선거 이후로 경기도교육청은 민주시민교육과를 미래인성교육과로 대체했다. 그렇다고 해서 시민교육이 완전히 사라진 것은 아니다. 인성교육을 강화하면서 디지털시민교육을 신설하고, 세계시민교육도 비중을 높였다. 민주시민교육은 그간 명칭 때문에 여러 오해를 샀던 것이 사실인 만큼 이름 정도는 바꿔도 무관하다고 본다.

인성교육은 2015년 제정된 「인성교육법」에 의거하는데 과거의 인성교육 틀에서 벗어나 시민인성교육, 일상적 시민교육 등 다양한 명칭을 쓰고 있다. 경기도교육청의 업무 분장표를 살펴보면 시민교육을 완전히 소거하는 것은 아니라는 걸 알 수 있다. 인성교육이라는 이름에도 갇힐 필요는 없어 보인다. 2015년의 인성교육과 2023년의 인성교육은 당연히 그 관점이 달라질 수밖에 없고, 시대적 요구에 맞춰 새롭게 구성하는 것은 교육 당국보다는 현장의 교사들 몫이다. 기후 위기에 더 큰 비중을 두면서 세계시민교육으로 발돋움하고, 2023년부터 그 위상이 더 높아지는 지속가능발전목표 SDGs, Sustainable Development Goals를 강화하는 계기로 삼아도 좋다.

각 지역에는 앞서 언급한 시민사회단체뿐 아니라 지속가능발전협의회가 있다. 지속가능발전협의회의 구성원은 대부분 시간 여유가 많은 50대 후반 이상의 회원이 다수를 차지하는 바, 지역에서 이들과의 연결고리를 만들려면 구성원과 사무국장을 만나 보고 그들이 가진 교육 프로그램이 우리 학교 실정에 맞는지 찾아보면 된다. 지속가능발전협의회가 생태주의에 치중하고 있는지, 쓰레기 분리수거를 잘하자는 1차원적 실천 과제에 매달려 있는지 확인하고, 양질의 교육을 수행할 수 있는지 꼼꼼히 따져 볼 필요가 있다. 앞서 언급한 다른 민간단체와의 교류 상황도 파악해 보면 좋다.

지역에 있는 시민사회단체가 수준 높은 교육을 수행할 수 없을 수도 있다. 이런 경우 사전에 교안을 제공받아 교육을 수행할 수 있는 수준인지 따져 보고, 교육을 전적으로 맡길 게 아니라면 활동 중심, 또는 외부의 여러 자원과 협력할 통합 프로그램을 꾸려 보는 것이 좋을 수도 있다.

외부 강사가 학교에 진입하여 협력체계를 구축하는 과정은 단순히 교육을 삽입하는 효과를 바라는 것이 아니다. 외부 강사는 지역 사람이어야 그 목적에 부합한다. 우리 마을에 이런 활동을 하는 어른이 있다는 것을 학생들에게 알려주며 더 넓은 마을공동체의 가능성을 엿보게 하려는 의도이다. 시민사회단체 중 여성단체나 노동 인권 단체, 장애인 단체가 자기 삶에서 체득한 교육을 실행하거나 사람책도서관 형태로 학생들을 만난다면 학생들과 교사 모두 은연중에 지역의 공동체를 깨닫게 된다.

　지역사회 사람을 알고 지낸다는 건 개인이 구축할 수 있는 사회적 안전망이다. 사람은 혼자 살 수 없고, 내가 기운이 없을 때 타인의 도움으로 일어설 수 있어야 한다. 도움을 청하고 도움을 주기도 하는 체계를 익히기 위한 좋은 방법이 된다.

　학교가 마을 강사들과 연계하여 교육을 실행하는 이유는 더 나은 양질의 엘리트 교육을 획득하기 위해서가 아니다. 마을 강사는 학교의 교사보다 뛰어난 교육을 실행하기 어렵다. 미숙하고 어설플 수 있다. 그럼에도 학교는 마을과 협력하는 체계를 구축하고, 교사가 잘 모르는 지역 상황을 공유하며, 이 관계가 시작이 되어 계속해서 협력체계를 구축하는 것이 중요하다.

학교 밖의 마을교육과 손잡기 위해 간혹 교육청이나 청소년 기관에서 강사 양성 과정을 구축하려는 시도를 하는데 나는 반대하는 입장이다. 학생들의 교육과 활동을 보장하는 기관의 예산은 어린이와 청소년에게 집중되는 것이 옳고, 강사 양성이 필요하다면 평생교육과 연관된 기관이나 공모 사업을 통해 민간에서 시행하도록 독려하는 게 낫다. 공공기관에서 운영하는 강사는 관리도 불가능하고, 강사들이 개인 활동에 주력하기 때문에 공통된 철학이나 신념을 전달하면서 자기 수익과 공익을 나란히 배치할 수 있는 사람을 찾아내기 어렵다.

여러 단체가 교육사업을 운영하며 강사를 양성하는데, 사람 문제는 누구에게나 가장 어렵다. 학교교육에 진입하려면 강사 관리는 더더욱 철저해야 한다. 외부 강사가 들어가서 생각 없이 내뱉은 말 한마디가 학생들에게 평생 상처가 될 수도 있다. 초기에 강사팀을 운영한다면 학교에 진입하는 것이 얼마나 진지하고 심각한 일인지 명확히 인지시켜야 한다.

만일 지역에 있는 어떤 단체나 공공기관에서 훈련시켰다며 들여보낸 외부 강사가 상식 밖의 일을 한다면 단호하게 바로 항의해야 한다. 기관에서도, 단체에서도 모든 강사를 모니터링하지 못한다. 교안을 잘 만들더라도 생활에서의 습관은 버리기 어렵다. 불행하게도 나도 그런 강사를 몇 명 보았고, 교육·네트워크 내에서 내보내는 데도 큰 힘이 들었다.

강사진을 꾸려서 운영하려면 매번 돈이 되지 않는 워크숍과 회의를 지겹도록 반복해서 이윤 추구만을 위해 접근한 사람은 내보내는 것이 옳다. 돈을 빨리 벌어야 하는 사람은 시장으로 갈 일이지 공교육을 지원하는 자리에는 걸맞지 않다. 그게 서로를 위해 좋은 일이다.

마을교육공동체,
가능할까

　　마을교육공동체는 혁신교육을 추진한 정책적 방향이었다. 내가 활동하고 있는 지역교육네트워크 이룸의 설립 이념처럼 학교에서 책임지기 어려운 방과후의 아이들을 돌보고 함께 키우는 공동체를 만든다는 의도였다. 마을교육공동체에 대한 지향이 발표된 지 10여 년이 지난 지금, 마을교육공동체가 잘 운영되고 있는지의 여부는 각 지역의 상황에 따라 꽤 많은 차이가 있다. 전국이 동일하게 움직이지 않고 지역별 상황이 모두 다르다. 공동체가 잘 꾸려지는 곳은 지리적으로 고립되어 있거나 폐쇄성을 가진 곳이 많은 편이다. 도시 구조 자체가 포화 상태로 집약적인 경우는 오히려 공동체 형성이 잘되지 않는다.

경기도 안양시의 경우를 예로 들면, 혁신교육지구를 초기에 형성했고 2022년 미래교육자치지구로도 선정이 되었지만, 1990년대에 만들어진 1기 신도시가 주를 이루는 평촌 지역의 경우 역동적인 마을교육공동체가 광범위하게 형성되어 있다고 보기 어렵다. 이 지역은 정확한 도시계획에 의해 성장했으며 도시의 기반 시설과 인프라가 조밀하고 집약적이다. 생활 기반 시설이 모두 갖춰져 있어 공동체보다는 소비 중심의 도시로 성장해 왔다. 이 지역에서는 어떤 마을공동체가 성공한다 하더라도 옆 동네에서 큰 관심을 가질 리 만무하다. 학군을 따라 이동하는 학부모가 많은 지역일수록 교육은 서비스로 남을 가능성이 크다.

반면 인근 지역인 경기도 의왕시의 부곡동 지역은 경기 남부에서 손꼽히는 우수한 마을교육공동체 지역이다. 의왕시는 한눈에 파악하기 어려운 넓은 면적에 마을이 드문드문 떨어져 있어 도시 집약성이 낮다. 이 지역은 교통대학교와 의왕역, 왕송호수로 가로막혀 있는 상태였다. 작은 아파트 도서관에서 시작한 마을공동체는 민들레 홀씨가 여기저기 내려앉아 꽃을 피우듯 왕성하게 마을 곳곳으로 퍼져 나갔다. 현재는 인근 도시 개발이 예정되어 있어 앞으로 어떻게 변할지 모른다. 대규모 아파트 단지가 진입하거나 재개발·재건축이 예정되어 있다면 학교에서 갖은 고생을 하고 만들어 놓은 공동체는 한꺼번에 증발해 버리고 만다.

　예로 든 두 지역만 놓고 보더라도 지리적 요건이 다르다면 마을교육공동체의 발달 과정도 다를 수밖에 없다. 타 지역의 우수한 마을교육공동체를 탐색하는 것은 필요한 일이나 우리 지역에 어울리지도 않는 지역의 사례를 가져올 수는 없는 것이다. 특히 경기도에서 시흥시는 우수 사례지로 손꼽히는데, 나는 우리 지역에서 진행되는 연수 과정에 시흥시의 사례를 자꾸 끄집어내는 것이 불편하다. 시흥시는 이미 모범 중의 모범이다. 지역의 문제는 그 지역의 특수성을 충분히 파악해야 해결 가능하다.

　충청남도의 홍성 지역은 청년 단체의 역량이 다른 지역과 다르다는 평가를 받기도 한다. 홍성 지역은 대안교육의 본거지로 불리며, 공립학교의 학생자치도 수도권의 여느 지역과 차원이 다른 수준이다. 학교에서 길러 온 공동체 역량이 사회로 나갔을 때 지역사회를 변화시키는 동력이 된다.

　모든 지역이 동일한 일을 해낼 수 없다. 한 지역 내에서도 각 학교마다 특성은 다르다. 아무리 정책이 획일적으로 내려오더라도 요즘은 각 주체의 상황에 따라 충분히 변형할 수 있으니 가장 잘하는 것, 잘할 수 있는 것, 필요한 것, 참여가 가능한 것으로 시작해 성공 비율을 높여 가는 방법을 추천한다.

앞서 언급했듯이 문제는 쏟아지는 정부의 정책이 현장의 의견을 담아내지 못한다는 아쉬움이다. 그러나 큰 그림의 정부 정책이 예산을 수반해서 현장에 도달한다면, 어떻게든 이 예산으로 지역에 맞는 설계를 해내는 것은 현장 실무자의 몫이다.

나는 이 현장 실무자가 교사이길 바란다. 마을교육공동체나 지역의 시민사회단체 활동가는 학교와 공교육이 중심을 잡고 힘을 내기 위해 조력하는 역할이었으면 한다. 어쨌거나 교실 안에서 학생들과 살아가야 하는 것은 교사이다. 특히 초등학교 교사의 역할은 개인이 감당하기 어려울 정도로 과도하다고 본다.

말하기 좋아하는 사람들은 젊은 교사들을 마구잡이로 비난하기도 한다. 교사의 위기 대처 능력이 떨어진다는 둥, 나약하다는 둥, 엄살이 심하다는 이야기도 한다. 그렇게 볼 수도 있을 것이다. 그러나 국가가 원한 교사상은 위기 대처 능력이 뛰어나고, 전투력도 좋고, 카리스마가 넘쳐 악성 민원에도 꿋꿋하게 대응할 수 있는 인재가 아니었다. 그보다는 학창 시절부터 줄곧 상위권을 유지하며, 체제를 받아들이고 제도에 능숙하게 적응할 수 있어야 교사가 되기 좋다. 이 조건에 부합하지 못하는 사람은 비슷한 교육 분야라도 시민사회단체에 남거나 사교육 분야로 길을 전환한다.

때로 학교에 가서 젊은 교사들을 보면 안타까울 때도 있다. 교실 안에는 교사가 한 번도 말을 섞어 본 적 없는 계층의 아이들이 앉아 있다. 또 한 번도 만나 본 적 없는 학부모를 만나야 한다. 아이가 아프고 정서적으로 불안한데 학부모는 연락이 잘 안된다. 아이가 추운 날에도 양말을 안 신고 오는데 학부모는 도통 관심이 없다. 교사가 세상의 모든 계층을 이해할 수 있는 것이 아닌데, 세상의 모든 계층이 이 개인 앞에 놓여 있다. 당신은 교사니까 세상의 모든 계층을 이해할 수 있어야 한다고 강요하는 것은 폭력 아닌가.

어느 교사는 아침에 출근하며 학생의 집에 들른다. 담임을 맡고 있는 이 아이는 부모가 없는 집에 오빠와 둘이 산다. 이미 작년에 가출을 길게 해서 퇴학 위기에 처했던 아이다. 아이는 가출 기간 동안 성매매를 했고 청소년범죄로 처분도 받았다. 아이의 집 문을 열고 들어가면 아이의 오빠와 그의 여자 친구가 뒤엉켜 자고 있다. 눈도 못 뜨는 아이를 일으켜 세워 옷을 갈아입을 때까지 기다렸다가 같이 등교한다. 이 교사가 이런 일을 몇 년이나 할 수 있을까. 교실 안에는 교사를 기다리는 다른 아이들이 있다. 그 아이들을 제쳐 놓고 언제까지 뒤에서 뭉그적거리는 아이만 쳐다볼 수 있을까.

어느 교실에는 아스퍼거증후군이 심한 아이가 있다. 어찌 된 일인지 활동 보조 교사도 없어서 교사가 혼자 감당한다. 교사는 학생들에게 아스퍼거증후군에 대해 설명하고, 친구를 이해하고 돕자고 교실의 모든 아이들을 설득했다. 하루는 수업 중 이 아이가 통제 불능이 되어 다른 아이의 멱살을 잡고 주먹을 날렸다. 가해자가 된 아이를 떼어 담임교사에게 보낸 뒤 외부 강사는 수업을 지속했다. 마침 또 그 수업이 인권 수업이었다. 교실 안에서 방금 벌어진 일을 언급하며 인권 의식에 대해 재질문하자 아이들이 그동안 참을 만큼 참았다는 듯이 '역차별'을 거론하며 "우리 담임선생님은 맨날 쟤만 싸고돈다"며 성토하기 시작한다.

저출생으로 학생 수가 줄어든다며 초등학교 교사 선발 인원을 줄여 나가기 시작했다. 지금 교실은 총체적 난국인데, 교육정책을 결정하는 이들은 이 상황을 전혀 인지하지 못하고 있다. 알고 싶지 않은지도 모르겠다. 학급당 인원수를 감축해 달라는 요구가 몇 년째 제자리걸음이다. 이제 학생 수가 줄어드니 투입되는 예산도 줄이겠다는 말이 들린다. 지방교육행정기관 및 공립학교 국가공무원 정원 규정은 행정안전부에서 발표했다. 이 업무는 왜 행정안전부에서 소관하는지 이해하기 어렵다.

2022년 8월 초, 초등학교 입학 연령을 낮추는 문제로 나라 전체가 뒤집어졌다. 사전에 충분한 논의가 없었다는 것이 비난을 받는 주원인이었다. 학제를 개편하기 위해서는 장기간의 대책과 연구가 우선되어야 하고, 현장 의견을 수렴하되 정책을 실행할 때는 학생들의 생애주기를 고려해야 한다. 그러나 한국은 그렇게 교육정책을 준비해 온 적이 없다. 내 경우도 고등학교에 입학하고 나서야 수학능력적성검사라는 것이 실시될 것이라는 얘기를 들었다. 당시에는 '수학능력검정고사'라는 이름도 명명되지 않았다.

2019년부터 시작된 미래교육자치지구는 한술 더 뜨는 형국이다. 각 마을마다 권역을 나누어 행정과 학교가 협력하여

교육공동체를 만들라는 게 미션이다. 되지도 않는 소리라고 콧방귀를 뀌었지만 이미 진행되고 있다. 예산이 내려왔고 해내야만 한다면 교사는 어떻게든 해내는 사람들이니 해내긴 할 것이다. 지역에서 내가 제안했던 내용은 다음과 같다.

실현 가능한 지역부터 우선 실시하자는 것이다. 1개 시에서도 마을 단위로 격차가 크다. 경제적·교육적 여건이 좋은 곳일수록 마을공동체 성공 가능성이 낮다. 돈으로 모든 것을 해결할 수 있는 주민이 공동체를 지향할 리 없다. 개인의 욕망을 개인의 수입으로 해결하는 것에 이미 익숙한 데다가, 공동체는 의존의 의미를 띠고 있어 서로 마음을 터놓는 데 상당한 시간이 걸린다. 가끔 아파트 밀집 지역에서 아주 우수한 인재가 나타나 공동체 형성에 성공하기도 한다. 그러나 그 한 사람의 인재가 빠져나가면 공동체가 와르르 무너지는 일도 여러 번 경험했다.

그러니 공동체가 꼭 필요한 지역, 또는 강력한 드라이브를 걸어 이끌어 나갈 수 있는 지역을 우선으로 꼽아 성공시키는 것이 좋다. 성공의 기억은 실무자에게 용기를 준다. 기존에 마을공동체가 조그맣게라도 발생하고 있는 곳, 주력적으로 일을 맡아 해 줄 수 있는 교육공동체나 시민사회단체, 또는 학부모 모임이 있는 곳, 오랫동안 학부모회를 건실하게 이끌어 온 학교가 있는 곳, 학교가 많은 곳보다 학교의 숫자가 적어서 결합력이 높은 곳이 성공 가능성이 높겠다.

1개 시 내에서 몇 개의 권역을 지정하고 그중 가능성이 높은 곳을 뽑아냈다면, 각 지역에 똑같은 교육공동체를 구성할 것이 아니라 그 지역에서 필요한 것을 해내야 한다. 중학교가 멀리 떨어져 있는 곳이라면 초등학교에서 중학교로 연계하는 과정을 조금 더 강화한다거나, 중학교 진학을 앞둔 초등학생 학부모의 불안을 해결하는 과정이 좋다. 통학로가 엉망이라면 통학로 이슈를 건드려 학부모를 모을 수도 있다. 유아나 초등 저학년이 많은 지역이라면 방과후 돌봄 체계를 구축하는 것에 집중할 수도 있다. 초중고가 모두 가까이 붙어 있다면 선후배의 만남을 도모하거나, 노인이 많다면 노인 자원을 어떻게 학교와 연결시킬 것인지 구상해야 한다.

한 가지 비관적인 것은 도시 자원이 풍부하고 생활이 윤택하며, 학원가가 특별히 발달해 사교육시장이 왕성하게 돌아가는 지역이라면 어떤 교육공동체가 성공을 하더라도 그 지역 전체가 환영할 거라고 기대할 수는 없다. 어떤 교육공동체라도 입시 앞에서는 무력해지기 때문에 우리는 적정한 수준에서 타협할 수밖에 없다.

그럼에도
불구하고

　　　오랫동안 왜 학교가 사회의 안전망을 다 끌어안아야 하는지 고민했다. 시민들이 학교를 대하는 태도를 보면 여러 감정이 뒤섞여 있어 파악이 어렵다. 한 가지 분명한 것은 애증의 관계인 학교에 대해서 그래도 아직까지 희망을 놓지 않고 있다는 점이다.

　사람들은 아직도 학교를 믿는다. 다양한 계층의 친구를 만날 수 있고, 함께 배우는 공동체 의식을 키울 수 있으며, 정글 같은 사회에 비해서 아직은 공평한 곳이라고 생각한다. 또한 학교는 대한민국 사회에서 가장 안전한 곳이기도 하다. 대체적으로 선량한 사람들이 있고, 범죄에서도 비교적 안전하다. 학부모가 방과후 돌봄 장소로 학교를 우선하는 이유가 바로 안전하기 때문이다.

학교가 있으면 학부모가 학교 주변을 지켜보게 되어 있고, 아이들이 마을로 나와 활동을 하면 다수의 시민이 도와준다. 물론 아이들이 학교 밖으로 나오는 것을 탐탁지 않아 하는 시민도 있다. 그들은 아이들이 학교 밖에서 돌아다니는 것이 보기 싫다고 말하는데, 그 안에는 학교가 가장 안전하고 아이들을 책임져야 할 의무가 있다는 역설이 담겨 있기도 하다.

나 역시 감히, 학교가 우리의 유일한 희망이며, 마지막 보루라고 말하고 싶다. 무한 경쟁과 불평등이 팽배한 양극화의 시대에 이 사회가 급격하게 기울어지는 현실을 볼 때마다 학교만이라도 안전하고 편안하길 바라는 마음이 간절하다. 그러나 학교는 그만큼의 대접을 못 받고 있으며, 각종 정책과 사회적 요구가 쏟아져 들어오는 강의 하류 같다.

내 사무실 바로 옆 골목엔 네모반듯한 운동장이 있는 중학교가 있다. 코로나19로 아이들이 등교하지 않던 학교는 기괴할 정도로 쓸쓸했다. 한밤중에 컴컴한 학교의 건물을 볼 때면 거대한 괴물이 혼자 웅크려 앉아 울고 있는 모습을 떠올렸다.

교육의 주체가 누구냐고 물으면 대부분 학생이라고 대답한다. 그런데 학생들은 정책 입안에 참여하지도 않고, 입시제도에 관한 의견을 내 본 적도 없다. 학교 안에 있는 학생자치기구가 교칙 개정이나 자율활동을 하는 것으로 학생이 교육정책에 참여했다고 말해도 될까.

한 고등학교 동아리에서 미디어리터러시에 대한 연속 강의를 할 때였다. 대학 입시의 정시 인원 확대에 대한 논란이 있던 때였다. 나는 학생들의 의견을 묻고 정시와 수시를 변호하는 기사를 찾아서 서로 공유하게 했다. 확대 논란을 토론하다가 원래 예정되어 있었던 정시 확대와 별반 차이가 없는데 언론에서 과대 해석한다는 느낌이라는 의견이 있었다. 우리의 기사 분석은 정시·수시의 장단점을 파악하고, 어떻게 기사를 전달하는 게 현명한지 논하는 토론까지 이어졌다. 이수업은 저녁 시간에 이루어져서 수업을 끝내면 학교 안이 깜깜했다. 인사를 하고 아이들이 모두 돌아간 것 같아 어두운 복도를 걷는데 몇몇 학생들이 나타나서 수업에 대한 의견을 덧붙였다. 아이들이 상기된 것 같아 물었다.

"그런데 이런 얘기 처음 해 본 거야?"

"네. 입시제도에 대해서는 생각만 했는데 다른 사람 앞에서 말해 본 적 없어요."

"저희가 어떻게 바꿀 수 있는 건 아니지만 그냥 얘기했는데도 속 시원해요."

쏟아지는 정책과 사회적 요구를 받아 내야 하는 학교 현장의 의견은 외부로 드러나지 않는다. 학교 안에 있는 사람들은 스스로 학교를 고립시킨다. 교육지원청에서 구성하는 외부 기관 참가 회의도 구태의연하다. 장학사가 지역에 아는 사람이 별로 없기 때문이다. 이는 공교육계의 인재풀이 정말 다양하다는 반증이기도 하다. 어지간한 건 학교 안에서 대부분 해결한다. 여러 가지 재주를 가진 사람들이 교무실에 우글우글 모여 있고, 그들의 취미나 특기는 프로를 능가하는 수준도 많다. 그러니 굳이, 외부의 조언을 듣지 않아도 된다. 행정과 정책에서 거버넌스가 필요한 건 성과를 내기 위해서가 아니라 옆을 돌아보라는 의미인데, 공교육에서의 거버넌스는 결론과 성과 내기에 보다 치중한다. 재주꾼은 많지만 큰 그림을 조망하는 리더가 부족하다.

외부에서는 계속해서 학교에 뭔가를 밀어 넣는다. 상부 조직에서는 정책과 예산을 내려보내고, 마을이나 기업은 학교를 끼고 뭔가 이벤트를 하고 싶어 한다. 대놓고 학생들을 동원해 달라고 한다. 꾸역꾸역 밀려드는 요구를 다 받아 내면서도 교사는 '철밥통'이라는 비아냥을 들으며 매도당한다.

나는 학교에서 일하는 사람들이 보다 투철한 노동자의식을 가졌으면 좋겠다. 언제까지 학교가 이 모든 정책과 사회의 요구를 받아 낼 것인가. 할 수 없는 일을 감당하기 위해 사람을 갈아 넣고 비정규직을 양산하면서 정작 지금 학교에서 필요한 일을 수행하지 못하고, 보고하기 위한 서류를 만들고 성과를 측정하기 급급하다면 교육의 본질은 온데간데없어진다.

1980년대 후반에 출발한 전교조는 내부적인 문제와 외부의 공격으로 더 이상 공감을 얻지 못하고 있다. 소위 386세대의 권위적인 태도와 추상적인 이념을 중시하는 모습 때문에 젊은 교사들에게도 신임을 잃어 가고 있다. 그에 대한 대체 조직으로 '교사노동조합연맹(교사노조)'이 탄생했고, '실천교육교사모임'이라는 교육자 모임도 왕성하게 활동하고 있다. 각자 추구하는 지향점이 다를 수 있지만, 교사들이 모임을 만들고 내부에서라도 소통을 해 나가는 것은 긍정적인 일이다. 이들을 통해서라도 학교 안의 일이 밖으로 더 많이 알려지길 바란다.

교육공동체를 구성하기 위해서는 내부의 문제가 공동체 모두에게 공유되어야 한다. 스승의 그림자도 밟지 않는다거나, 선생님은 화장실도 안 가는 줄 알았다던 괴담 같은 전설은 폐기되어야 마땅하다. 교사도 시민으로서 살아갈 수 있는 힘을 회복해야 한다. 또한 교사 역시 스스로 만들어 낸 자격에 매몰되어 주변을 둘러보지 못하게 되어 버린 구조적인 문제에 대해 자각할 필요가 있다.

선거철이 될 때마다 내가 아는 교사들은 열패감에 휩싸인다. "나는 그런 얘기하면 안 되잖아." 교사는 정치 중립을 유지해야 하기 때문에, 학생들에게 의식화교육을 하지 말아야 하므로 학교 밖의 단체활동을 하는 데 있어서도 상당한 용기가 필요하다. 정치적으로는 불가촉천민이라는 자조 섞인 말을 듣는 것도 답답하다. 정치적 성향에 따라 상대방을 폄하하거나 혐오하는 일이 잦은 요즘 교사의 정치적중립이 더욱 요구되고 있지만, 특정 정치인이 반민주적인 행동을 하더라도 그에 대해 언급하지 못하는 현실이 안타까울 때가 있다. 내가 만났던 고등학생들은 학교에서 시사적인 주제를 전혀 다뤄 주지 않아 답답하다고 말한다. 초등학교와 중학교를 거치며 사회구조와 지역사회에 대해 배우고 시민교육과 성평등, 문화 다양성에 대한 교육을 받았더라도 이 모든 것이 땅에 발붙인 사람들의 이야기가 아닌 허공에 떠도는 이야기로 귀결된다.

근대 산업화 시대에서 출발한 집단 교육 체제의 학교는 노동자와 전쟁에 나갈 병사를 길러 내는 것이 목적이었다. 그런데 과거의 학교가 학생을 도구화하고 대상화하는 것이 잘못되었다고 모두가 동의한 지금도 우리는 능동적인 시민을 길러 내지 못하고 있다. 이 시대에 우리가 배워야 할 것은 무엇일까? 연대하고 합의를 이루어 내는 진짜 민주주의 아닐까. 자신의 이익만을 위해 목소리를 높이는 가짜 민주주의를 구분하고 배척할 수 있는 능력이 필요하다.

그렇다면 우리가 학교에서 가르칠 수 있는 것은 무엇인가? 헌법 정신에 입각한 참여하는 시민, 주권을 지킬 수 있는 유권자, 내 생존에 불리한 악법에 대해 직시하며 스스로 운명을 개척해 나갈 능동적 개인, 옳고 그른 것을 판별하되 타인과 토론하는 힘을 길러 합의에 이르는 민주적인 시민을 양성하기 위해서가 아니었던가.

교육을 받은 성인이 사회에 나가 적어도 '사기당하지 않고', '착취당하지 않고' 자기 삶을 영유할 수 있으려면 학교에서 배워야 하는 것은 판단력이며, 합의할 수 있는 태도다. 옳고 그름을 판별할 수 있는 세상을 읽어 내는 문해력을 기르기 위해서는 정치·사회·문화에 걸친 전반적인 사회구조를 파악하는 힘이 필요하다. 민주주의국가에서 고등교육을 받은 사람이라면 자기 삶에 도움이 되는, 내 생존에 유리한 정책을 펼치는 정치인을 선택할 수 있는 유권자가 되어야 한다. 또한 내 주변의 보이지 않는 선한 이들을 찾아내 함께 살아가는 사회를 만드는 주역으로 공동체의 엄연한 구성원이 되어야 한다.

모든 국민이 의무교육을 마쳤는데도 세상을 읽어 내는 힘이 부족하고, 포퓰리즘에 현혹당해 또는 혐오와 차별을 일삼는 유희에 빠져 내 삶을 갉아먹는 사회구조에 대해 방관하는 일이 반복되면 교육의 가치와 목표는 불필요한 것이 된다. 글자 좀 읽고 덧셈과 뺄셈을 할 수 있다 한들 제 삶을 지킬 수 없는 사람은 결국 낙오하게 된다.

학교는 무엇이 되고 싶은가. 아이들이 행복했으면 좋겠다는 대답도 식상하다. 아이들은 어떻게 해야 행복해질까? 입시를 걷어 내면, 경쟁을 줄이면 행복해질까? 대한민국이 수립된 이래 학부모의 교육열을 말릴 재간은 없었다. 그 어떤 정권에서도 과잉된 교육열은 식지 않았다. 지금의 과잉 경쟁과 불평등 심화 속에서 학부모와 학생, 교사가 개인으로 맞선다면 이 과잉은 끝을 모르고 파국으로 치달을 수밖에 없다. 지금 이대로 둔다면, 어떻게든 스스로 해결할 수 있다면서 내가 학교운영위원회에서 봤던 그 모습처럼 고개를 숙이고 교실에 앉아만 있다면 상황은 나아지지 않을 것이다.

내가 그려 보지 않은 꿈은 허상이다. 함께 모여 머리를 맞대고 구체적인 모습을 떠올리는 일을 반복해야 꿈에 가까이 다가갈 수 있다. 그 전에 우리는 혐오와 차별을 없애고, 다양성을 인정하며 갈라치기를 중단해야 한다.

건국 이래 한국 사회는 끊임없이 서로를 의심하며 물었다. "당신은 누구의 편이냐"고. 한 정당이 권력을 휘어잡을 때마다 교육정책은 요동친다. 그럴 때면 언론은 당장 난리가 날 것처럼 어수선하게 군다. 그러나 10년간 학교를 지켜본 교육활동가로서의 내 입장은 조금 달라졌다. 학교는 그렇게 한꺼번에 바뀔 수 없다고. 설령 교육정책 입안자들이 자기 정당에 유리한 쪽으로 교육과정을 뒤집으려고 애쓰고 용어를 바꾸더라도 정작 학교에 필요한 지원을 하는 것은 지역 교육청과 교육지원청이며, 교실에서 학생들 앞에 서는 것은 교사이다. 역설적으로 교사들이 다소 보수적인 태도를 가지고 있으며, 개혁을 꿈꾸더라도 한 번에 뒤집지 않는 진중한 사람들이고, 배우고 또 배워서 완전히 익히기 전에는 섣부르게 덤비지 않는 사람들이라는 걸 알아서, 나는 정치의 개입이 완전히 이루어지지 않을 것이라고 믿는다.

　처음 이 책을 쓰려고 했을 때는 학교와 교육정책의 구조적 모순에 대해 이야기하는 것이 목적이었다. 그러나 내가 잘못된 점을 낱낱이 까발려 봤자 교사나 장학사보다 더 잘 알 수는 없을 거다. 대신 변하지 않는 이 문제를 어떻게 해결할 수 있을지 점점 마음이 쓰였다. 내가 소망하는 건 이런 것들이다.

　우선 교사가 정치적 자유를 획득했으면 좋겠다. 교실 안에서 노동교육을 하거나 시민교육을 펼쳤을 때 극우주의자들이 학교로 민원을 걸어 오는 경우도 있다. 이럴 경우 누군가 지켜줘야 한다. 어떤 관리자가 그런 혁명적인 일을 해 줄지 모르겠으나, 이제 학교의 민원은 교사가 직접 받지 않고 민원이나 중재를 전문으로 할 사람을 채용해 필터링할 때가 되었다. 10년 전의 민원과 지금의 민원은 강도와 수준이 달라졌지 않은가.

　정치적 자유가 보장되려면 제도가 바뀌어야 하는데, 그러려면 당사자의 요구가 있어야 한다. 전교조와 교사노조, 실천교육교사모임 등 다양한 교사 집단이 교육계의 어려운 점을 대외적으로 알려 주기 바란다. 언론이 내놓는 학교의 사정은 자극적이고 그만큼 휘발성도 강하다. 교권이 무너졌다는 소리는 20년 넘게 계속되고 있다. 교사도 사람이고 시민이며, 노동권이 있다는 이야기를 먼저 해 줬으면 좋겠다. 교사 간의 문제를 해결하고 민주적 의사결정 체계를 학교 안에서 실천할 수 있는 날이 왔으면 좋겠다. 그래야 밖에다 학교를 민주적으로 대해 달라고 소리 내기 좋다. 어느 집단이나 악질적인 사람들은 있기 마련이다. 교사가 힘을 모아야 승진제도를 개선하고, 문제가 되는 교사를 퇴출시키고, 내부적으로 서로 협력할 수 있는 모델을 만들 수 있지 않겠는가. 학교 밖에서는 학교 안의 문제를 잘 모른다. 잘 알지도 못하는데 도울 수 있는 방법은 없다.

요컨대, 교사의 노동 인권 확보가 우선이다. 교사는 성직자도 아니고 무조건 참고 견디는 것이 답도 아니다. 최근 SNS를 하는 교사들이 늘어난 것은 반가운 일이다. 유튜브로 멋진 모습을 보여 주는 교사도 있지만, 그보다 페이스북에 괴로운 심정을 토로하는 글이 더 반갑다. 학교에서 무슨 일만 나면 무조건 교사 탓으로 떠미는 사회에 대해 거침없이 저항했으면 좋겠다.

또 학교를 지키고 있는 수많은 비정규직과 계약직, 행정직과 함께 더 나은 학교를 위해 함께 고민하면 좋겠다. 학교는 너무도 계급적이다. 관리자와 교감과 부장교사, 평교사와 행정직과 계약직, 비정규직이 혼재되어 있다. 서로가 서로를 잘 모르는 상황에서 그 커다란 공동체를 연대 없이 끌고 나가는 일은 모두에게 괴로운 일이다. 행정직과 교육 복지사도 학교와 학생들에 대한 애정이 많다. 특히 급식 노동자의 경우 그 열악한 환경에서도 아이들 밥해 먹이는 보람으로 버티고 견딘다. 살뜰하게 인사 한 번 하는 것으로 그치지 말고, 같은 공동체의 일원이라는 것을 서로 인식할 필요가 있다. 그 자체만으로도 교육이다. 노동이니 인권이니 특별한 교안을 만들지 않더라도 삶터로서의 학교가 배움터의 역할을 동시에 해낼 수 있는 방책이기도 하다. 학교 안에서의 계급이 사라지는 순간 진짜 시민교육이 시작되고, 진짜 교육공동체가 성립될 수 있다.

최근 인기를 얻은 드라마와 정치권의 인사 문제로 학교폭력에 대한 여론이 들끓고 있다. 오랫동안 지속되어 온 학교폭력 문제에 관해 심판자 역할을 제대로 했어야 한다는 교사의 자질까지 언급되고 있다. 그동안 학교폭력 문제를 해결하기 위해 찢기고 헝클어진 학교와 그 일을 해결해야 했던 사람들의 이야기는 나타나지 않는다. 업무를 맡았던 사람들의 목소리는 사라지고 피해자의 아우성만 남았다. 사람들은 언제나 학교 문제에 예민하다. 한국전쟁 이후 다수의 기성세대가 학교를 다녀 봤기 때문이다. 그럼에도 불구하고 학교가 무엇을 해냈는지에 대해서는 언급하지 않는다. 학교는 당연한 것, 비판받아도 되는 곳, 만만한 곳이라는 인식이 있다. 그러나 그 뒤에는 분명히 희망이 있다. 여기만큼은, 정당하고 공정하며 연대할 수 있는 공동체로 남아 주길 바라는.

경제성장은 저하되고, 기후 위기로 위태롭고, 인구절벽이 심각한 수준이라 이제 어린이와 청소년은 더욱더 귀한 존재가 될 것이다. 학교로 들어오는 압박도 더욱 커질 전망이다. 양극화로 인한 계급화와 착취 구조가 명확해지는 시대에 학교는 더욱 흔들릴 수밖에 없다. 그러니 이제 마을을 돌아보라. 당신들에게 윽박지르는 사람들이 나타날 때마다 밖을 향해서 한숨이라도 쉬어라. 마을은 언제나 학교의 등 뒤에서 기다려 왔다. 적어도 아직은 학교가 도와달라고 할 때 외면하는 사람은 그리 많지 않다. 마을은 학교의 손을 맞잡고 함께 웃고 울 준비가 되어 있다. 믿어도 된다.

학교와 마을이
정말 만날 수 있을까

초판 1쇄 발행 2023년 4월 10일

지은이 이하나

발행인 송진아
편 집 정지현
디자인 권빛나
제 작 제이오
펴낸곳 푸른칠판
등 록 2018년 10월 10일(제2018-000038호)
팩 스 02-6455-5927
이메일 greenboard1@daum.net

ISBN 979-11-91638-13-4 03370